Brasilianisch katholisch

Die kleinen Basisgemeinden führen die Regie in Brasiliens Kirche

Conrad Berning

Brasilianisch katholisch

Die kleinen Basisgemeinden führen die Regie in Brasiliens Kirche

Conrad Berning

Edition ITP-Kompass, Bd. 33
Münster 2020

Bibliographische Information der Deutschen Bibliothek: Die Deutsche Nationalbibliothek verzeichnet diese Publikation in der Deutschen Nationalbibliographie; detaillierte bibliographische Daten sind im Internet über <http://dnb.dnb.de> abrufbar.

Brasilianisch katholisch
Die kleinen Basisgemeinden führen die Regie in Brasiliens Kirche

Conrad Berning
Münster 2020

Institut für Theologie und Politik, Friedrich-Ebert-Str. 7, 48153 Münster

www.itpol.de

Satz und Layout: Philipp Geitzhaus
Umschlaggestaltung: Michael Ramminger
Druck: Books on Demand GmbH, Norderstedt
ISBN: 978-3-9819845-6-9

Für Conrad

São Paulo, Brasilien 1990, Filmstudio Conrad Berning

Inhalt

Einleitung

Eigentlich wollte der Ordensmann und Filmemacher Conrad Berning dieses Buch noch zu seinen Lebzeiten fertig stellen. Es war ihm wichtig, Zeugnis von seinem Leben abzugeben: was ihn bewegt und was ihm Freude gemacht hat und was ihm wichtig war. Conrad hat in den vielen Jahren als Ordensmann in Brasilien Teil an einer Kirche gehabt, die ihm zunehmend als einzig mögliche Kirche, als natürliche Verwirklichung der Nachfolge erschien.

Conrad war Missionar bei den Steyler Missionaren. 1969 erhielt er die Priesterweihe und ging nach Brasilien. Es war eine Zeit, die sich wohl heutzutage niemand mehr vorstellen kann: Brasilien noch ein riesiger Dschungel und Regenwald, noch war nicht alles abgeholzt und für Soja, Zuckerrohr und Viehzucht gerodet, auch wenn die Militärdiktatur fleißig dabei war.

Er kam zu einer Zeit nach Brasilien, als die Kirche einigermaßen vorkonziliar war, auf Sakramentenpastoral, Taufen und Missionierungen ausgerichtet, aber zugleich auch schon geprägt vom Unwohlsein und von der Beunruhigung über eine Kirche, die eher an der Seite der Mächtigen als in den Fußstapfen jesuanischer Nachfolge stand. Conrad gehörte zu jener Generation von jungen Ordensmännern und Priestern, die in den folgenden Jahren die Kirche „umkrempeln" würden.

Er hatte Freude an einer Kirche an der Seite der Armen und der Verfolgten in einer der wohl aufregendsten Zeiten der brasilianischen römisch-katholischen Kirche, an einer Kirche, die selbst arm und einfach werden wollte. Es waren die sechziger, siebziger und achtziger Jahre, die Zeit des II. Vatikanischen Konzils, einer brasilianischen Bischofskonferenz, die zu großen Teilen befreiungstheologisch geprägt war. Es war aber auch die dunkle Zeit der Militärdiktatur und sowieso der bis heute anhaltenden Menschenrechtsverbrechen an Kleinbauern, *Indígenas*, Frauen, Schwarzen: den Armen eben. Das war das „brasilianisch-katholische“ Milieu, in dem Conrad zuhause war und in dem er seinen Teil zu dieser Kirche der Armen beitrug.

Seine Leidenschaft und seine Profession war das Filme-Machen. 1977 erhält er eine Einladung der brasilianischen Bischofskonferenz, eigentlich von Kardinal Ivo Lorscheiter, die Medienarbeit für die brasilianische Bischofskonferenz zu übernehmen, katechetische Diaserien und Filme zu produzieren. Conrado wurde zu einer wichtigen Figur in dieser Medienarbeit, die zugleich mit seiner zweiten, unendlich tiefen Leidenschaft verbunden war: dem Evangelium, der frohen Botschaft für die Armen und einfachen Leute. Sein filmisches Schaffen umfasste die Dokumentationen der Basisgemeindentreffen, die Aktivitäten der Bischofskonferenzen; es entstanden unzählige Dokumentarfilme, meist Kurzfilme in 16mm und drei Langspielfilme für alternative Kinos in 35mm Kinoformat: „Gottes Volk auf dem Weg“ („*Pé e fé na caminhada*“) über die Befreiungstheologie, „Der schwarze Ring“ (die Bekehrung eines Reichen) und „Ameríndia“ (zum 500-Jahr-Gedenken der falschbenannten „Entdeckung“ Amerikas). Conrad war kein Theologe, er war überzeugter Christ. Bis zum Schluss hat er von dieser Zeit der brasilianischen Kirche, der Befreiungstheologie und den Basisgemeinden mit leuchtenden Augen erzählt: Vom einfachen Leben der Bischöfe, die so jede Distanz zu den Menschen auf der Straße abgelegt hatten, von den Basisgemeinden und ihrem Kampf gegen Diktatur und Ungerechtigkeit.

Im vorliegenden Buch von Conrad Berning verknüpfen sich seine Biografie und die Geschichte der brasilianischen katholischen Kirche: Die Geschichte der Filmgesellschaft VERBO FILMES, die Geschichte der Kirchenreformen und befreiungstheologischen Initiativen vieler Bischöfe, Priester und Ordensleute, denen der Autor ein eigenes Kapitel widmet und vor allem die Geschichte der Basisgemeinden, denen Conrads Zärtlichkeit galt, und deren Alltag sich in vielen seiner Filme widerspiegelt.

Conrad war katholischer Priester, aber ihm war jede Form von Klerikalismus, liturgischem Pomp zuwider. Für all diese „Typen“

hatte er immer nur ein schelmisches Lachen über. Und als auch in der brasilianischen Kirche die von Rom eingeleitete Kehrtwende immer gravierender wurde, als Klerikalismus, Liturgiefixierung und die Abwendung von den Armen immer deutlicher wurden, für die insbesondere Kardinal Ratzinger als Präfekt der Glaubenskongregation und später als Papst verantwortlich war, als es keinen Platz mehr für die Leidenschaften und Fähigkeiten von Conrad gab, entschied er sich nach Deutschland zurückzugehen.

Zurück in Deutschland versuchte er, sich mit seiner Frau Brigitte und den zwei Söhnen ein neues Leben aufzubauen und an seinen Überzeugungen festzuhalten: Gemeinsam gründeten sie VERBO FILMES Deutschland und versuchten die Filme aus Brasilien und über die befreiende Kirche hier publik zu machen. Über sein Verhältnis zur Kirche schrieb Conrad: „Es gestaltete sich von Jahr zu Jahr schwieriger. Die Enttäuschungen wurden zu viele und zu groß." Das, was er aber in Brasilien erlebt hatte, „gnadenhafte Einblicke in die Zeit der ‚Urkirche'", hat ihn bis zu seinem Tod geprägt, und war der Grund für ihn, seine Erfahrungen festhalten zu wollen, weil sie weitergegeben werden müssen. Wir vom Institut für Theologie und Politik sind stolz darauf, dass seine Erinnerungen bei uns veröffentlicht werden. Sein hier vorliegendes Buch ist eine große Erzählung über kleine Leute und eine bescheidene Kirche. Wer nicht glauben mag, dass es so etwas gab und gibt, dem sei es empfohlen. Es legt den Blick auf ein befreiendes Christentum frei, das bis heute aussteht.

Michael Ramminger
und das ITP-Team

Vorwort

Vielleicht wird es ja mal ahnenforschungshungrige Enkel oder Urenkel geben, die gerne etwas mehr über ihren Großvater oder Urgroßvater und über die Kirche (was ist das denn?) wissen möchten. Kirche und Glaube, das machte mein Leben aus und gab ihm durch die Priesterweihe und den Missionsauftrag nach Brasilien (1969) im Orden der Steyler Missionare (SVD) einen wunderbaren Inhalt. Nach genau 25 Jahren Tätigkeit in Brasilien kehrte ich 1994 wieder zurück nach Deutschland und zwei Jahre später bat ich um Entlassung aus dem Orden, weil meine Frau ein Kind erwartete.

Der Obere der deutschen Provinz, Pater S., bat mich daraufhin, den Laisierungsprozess einzuleiten. Das sei so üblich, um aus dem Priesteramt wieder in den Laienstand zurückversetzt zu werden. Meine Antwort damals war kurz: „Du, das lassen wir mal lieber. Und Tschüss!" – „Ja, aber dann kannst du ja nicht (kirchlich) heiraten." Wozu auch? Jedenfalls wollte ich kein Jahr von alledem zurückdrehen oder missen, sozusagen aus meinem Leben streichen, als hätte es das nie gegeben. Es war eine gute Zeit gewesen, sie hatte meinem Leben Inhalt und Sinn gegeben, und ich war immer überzeugt und glücklich gewesen in allem, was ich getan hatte. Ich könnte jetzt kein Papier unterschreiben, um – aus welchem Grund auch immer – das alles rückgängig oder nichtig zu machen. Die 25 Jahre in Brasilien haben mich reich beschenkt. Ich war gerne (zölibatärer) Priester und Ordensmann gewesen, auch wenn ich mich – mit Blick auf die große Mehrheit der Menschen, bei vielen Privilegien, die das Ordensleben mit sich brachte, oft nicht wohl gefühlt hatte. Es war mir oftmals durch den Kopf gegangen: wie kann ich mich mit den sogenannten Laien besser „identifizieren", ihnen zeigen, dass ich einer von ihnen bin, trotz Priesterweihe. Und ebenso stand für mich außer Frage, was man uns im Theologiestudium gelehrt hatte: „Du bist Priester auf ewig nach der Ordnung des Melchisedek". Das sollte auch so bleiben, aber das ging dann nicht mehr, wenigstens nicht innerhalb der Strukturen der Kirche(ngesetze).

Also verabschiedeten wir uns friedvoll voneinander, Pater Provinzial und ich. Als „Abfindung" war es mir nach langem hin und her gelungen, noch 30.000,- DM zu erwirken, also 1.000,- DM für jedes Jahr, das ich bis dahin im Orden verbracht hatte. In die Krankenkasse wurde nur noch bis zum Jahresende für mich eingezahlt. Mir machte Pater H. als Provinzökonom den Vorschlag, für ein Jahr bei der Müllabfuhr zu arbeiten, um dann in eine der gesetzlichen Krankenkassen zu kommen. Statt bei der Müllabfuhr arbeitete ich dann bei der deutschen Produktions- und Vertriebsgesellschaft Verbo Filmes-D als Angestellter. Sie war von meiner Frau als GmbH ins Leben gerufen worden mit dem Ziel, deutsche Fassungen von Film- und Video-Produktionen aus Brasilien zu erstellen. In *São Paulo* gab es die Mutterfirma Verbo Filmes, die ich selbst im Auftrag der Brasilianischen Bischofskonferenz 1979 gegründet hatte. Zum Glück konnte ich dort in *São Paulo* alles in die guten Hände meines brasilianischen Nachfolgers Pater Cireneu Kuhn SVD übergeben. Mit ihm und weiteren Freunden aus Brasilien arbeiteten wir fortan eng zusammen und stehen immer noch in regelmäßigem Kontakt. Der Orden zahlte in die Deutsche Rentenkasse den Minimalsatz für mich ein. Mir stehen seit Rentenbeginn 280,-€ monatlich zu.

Durch Vermittlung eines Freundes und die Fürsprache unseres Pfarrers konnten wir uns relativ günstig auf einem ziemlich verfallenen Bauernhof in der Gemeinde Nienberge, Nähe Münster, einquartieren. Es musste vieles gemacht und umgebaut werden. Über die 30.000,- DM jedenfalls freuten wir uns sehr, weil genau so viel der Bau eines neuen notwendig gewordenen Dreikammersystems (Toiletten-Sammelbecken) und einer eigenen Kläranlage kosten sollte.

Zum sonstigen Überleben erhielten wir – in Form von Hauseinrichtungen, Möbelstücken oder Geld – sehr viel Hilfe von Freunden. Wir konnten nur dankbar sein. Die damals noch lebenden vier alten unverheirateten „Öms" (Onkel) auf dem Hof waren uns sehr wohlgesonnen und bekamen in den Folgejahren immer mehr Freude an unseren beiden Kindern Franz und Paul. Die beiden Kleinen waren den alten Herren zugetan und hingen ihnen an den Hosenbeinen. „Es ist wieder Leben auf den Hof gekommen", hörte man in der Nachbarschaft erzählen, und sogar die alten Herren, von Hause aus in sich verschlossen, wurden wieder kommunikativ und konnten ihr Glück über neues Leben auf dem Hof nicht verbergen. Viele „Anekdoten" der Kinder, die uns so viel Freude bereiteten, schrieben wir tagebuchmäßig auf. Hier nur eine davon: Als unsere beiden Jungs im Kindergarten viele Geschichten über die Dinosaurier hörten, kamen sie eines Tages nach Hause und fragten mich: „Papa, du bist doch geboren, als die Dinosaurier noch lebten?!" Aber oft, wenn die Kinder merkten, dass andere mich für ihren Opa hielten, korrigierten sie sehr selbstbewusst: „Dat ist mein Papa!"

Nach und nach entkernten wir das alte Haus mit Hilfe einiger Neffen, Freunde und Nachbarn, alle gute Handwerker, und richteten es wohnlich so ein, dass wir schon bald provisorisch einziehen konnten, bevor dann Jahr für Jahr die Renovierungen weitergingen.

Weihnachtsmärkte und alter Bauernhof

Durch die Trennung vom Orden kamen Fragen nach dem finanziellen Überleben auf. Wir bewarben uns auf dem Kölner Weihnachtsmarkt, der 1995 auf dem Roncalliplatz auf der Domplatte neu eröffnet werden sollte. Gewünscht waren Aussteller mit kunsthandwerklichen Produkten. Was lag näher als bei meinem Neffen im elterlichen Haus in Legden nach den typischen Holzschuhen zu fragen? Seit über 150 Jahren werden dort Holzschuhe gefertigt, ein Geschäft, das mehreren Generationen das Überleben ermöglichte. Ich selbst bin als kleiner Holzwurm in der Werkstatt meines Vaters aufgewachsen. Holzschnitzereien waren daher immer meine Leidenschaft.

Zehn Jahre standen wir dann in der adventlichen Vorweihnachtszeit auf der Domplatte in Köln und boten den vielen Besuchern Holzschuhe und die dazugehörigen empfehlenswerten dicken Schafwollsocken zum Kauf an. Nach und nach schmückten die Holzschuhe mehr dekorativ die Weihnachtshütte und zogen die Blicke der vorbeiziehenden Menschen auf sich. Das Sortiment der Socken aus reiner Schafwolle nahm von Jahr zu Jahr zu. Dicke, dünne, kurze, lange, schwarze, weiße, rote, grüne, ohne Stopper, mit Stoppern. In allen Größen, von Baby-Größe bis Männergröße 50. Außer Socken verkauften wir auch holzgeschnitzte Figuren aus Südtirol.

Nach wenigen Jahren auf der Domplatte in Köln starteten wir parallel einen zweiten Weihnachtsmarkt auf dem Rathausplatz in Hamburg mit Verkauf von Krippenfiguren, holzgeschnitzt aus Südtirol und Socken, insgesamt acht Jahre. In diesen Jahren waren drei von den vier alten Herren auf unserem Bauernhof verstorben, auch der eigentliche Besitzer, Hermann. Kurz vor seinem Tod hatte er die Hofstelle mit anliegenden Wiesen meiner Frau vererbt. Die noch größeren Flächen an Ackerland gingen an einen Nachbarn.

Um die nun leer stehenden großen Gebäude irgendwie sinnvoll zu nutzen, organisierten wir auch hier einen eigenen Krippenmarkt auf dem Bauernhof. An allen Wochenenden der Adventszeit kamen immer mehr Menschen, um die jedes Jahr neu organisierte Krippenausstellung mit Darstellungen aus aller Welt in der großen Scheune – mitten zwischen Tieren, Pferden, Schafen, Hühnern und Kälbern – zu bewundern. Auf der alten Tenne, im ehemaligen Melk- und Tiefstall, war ein Café mit 175 Sitzplätzen eingerichtet. Dort gab es Kaffee und Kuchen. Eine eigens kreierte Krippentorte und die Torte „Birne Helene“ wurden zum Schlager.

Die Tenne hatte Flair. Deko bis hin zu Sitzkissen und Uniformen der Bedienung - alles in westfälisch Blau. Neben selbstgebackenem Bauernbrot gab es sogar den guten „Annette von Droste-Hülshoff“-Rotwein zu kaufen, hatte doch auf dieser Tenne schon die größte deutsche Dichterin ihr Tanzbein geschwungen. Die Hofstelle ist sehr mit ihrem Leben (1797-1848) verbunden und liegt mitten zwischen der alten Burg Hülshoff, auf der Annette geboren wurde, und dem Rüschhaus, wo sie lange Jahre mit ihrer Mutter lebte. Die Distanz dazwischen beträgt etwa fünf Kilometer. „Der Hof [damals] Wittover war schon alt, als er 1388 in den Besitz des Geschlechtes der Dichterin kam...." Und er war „eng verbunden mit dem Leben der Dichterin und ihrer Familie. Die Briefe der Droste verraten, dass sie mit dem Alltag auf diesem Hof recht gut vertraut war. Zudem belegt das Tagebuch der Schwester Jenny, dass sie schon in jungen Jahren hier bei Festen mitgetanzt hat". Mit der alten Dame, Frau Wittover, verband sie eine große Freundschaft und beide saßen oft zusammen am offenen Kaminfeuer zu einer gemeinsamen Tasse Kaffee. Der älteste und einzige Sohn (neben zwei Töchtern) der Familie, August Wittover (1802-1884), war Priester und „wurde 1834 Hauslehrer auf Hülshoff bei den Kindern ihres Bruders Werner... August Wittover galt als tüchtiger Lehrer und guter Erzieher, wenn er auch, wie die Droste sagt, zuweilen ‚unausstehlich quer und ungeschliffen sein konnte'. Als Mann eiserner Grundsätze gehörte er zu den streng konservativ ausgerichteten Münsterländern. ‚Alte väterliche Sitten' liebte er über alles. Neues und Verderbliches kam für ihn vor allem aus Paris. Und so setzte es häufig Hiebe auf Paris und Frankreich an der Hülshoffer Mittagstafel, wo der Gutsherr mit Familie, Hauslehrern und Gästen saß. Zur Tischrunde gehörte damals auch eine junge französische Hauslehrerin. Zum Glück verstand sie nur wenig Deutsch, aber bei den Wörtern ‚Paris' und ‚Frankreich' aus dem Munde Wittovers ahnte sie nichts Gutes und verließ häufig weinend die Tafel."

Auf diesem geschichtsträchtigen ehemals „Hof Wittover" also dürfen wir leben. Hier dürfen unsere Kinder groß werden. Wir sind immer noch am Renovieren, Abstützen, neu Bedachen, Ausbauen, Mietwohnungen einrichten. Die Weihnachts- und Krippenmärkte gaben uns die Möglichkeiten dazu.

Unter „Nulli stationi adscripti" war ich noch 2016 im Catalogus, dem Personalverzeichnis der Steyler Missionare zu finden. Für den Orden bin ich also „keinem bestimmten Ort zugeordnet", aber irgendwie noch dazugehörig schwirre ich durch die Gegend.

Mit meinem Namen verbunden stehen da die weiteren Daten: Eintritt in den Orden, Ordensgelübde, Priesterweihe und Missionsentsendung nach Brasilien. Eigentlich hatte ich den Orden doch verlassen, aber nicht unterschrieben, dass ich mein Priesteramt aufgeben wollte, und so bin ich, was ich bin, bis heute.

Conrad Berning, 1968, Wien, Österreich

Hinreise

In der zweiten Hälfte der 1950er Jahre kam Besuch aus Brasilien in mein Elternhaus: Pater Paul Goecke, ein Zisterziensermönch aus *Avaré* im Bundesland *São Paulo*. Dieser Paul, gebürtig aus Menden im Sauerland, war zusammen mit meinem Bruder Paul in amerikanischer Kriegsgefangenschaft gewesen. Aus den gemeinsamen Kriegserlebnissen der beiden Pauls war eine Freundschaft erwachsen, die zeitlebens anhielt und auch die Familien mit einbezog. Paul Goecke war also aus dem fernen Brasilien zum Heimaturlaub gekommen und er hielt eines abends einen Lichtbilder-Vortrag über den eucharistischen Weltkongress in *Rio de Janeiro*, der im Jahre 1955 stattgefunden hatte. Das begeisterte mich. Ich hörte zum ersten Mal von Bischof Helder Câmara und von der Kirche Brasiliens. Fortan blieb ich mit Paul Goecke in brieflichem Kontakt und er war nicht ganz „unschuldig" daran, dass ich wenige Jahre später, 1959 nach der Oberstufe, vom altsprachlichen Alexander Hegius-Gymnasium in Ahaus zum deutschen Auslandsgymnasium nach Steyl in Holland (Nähe Venlo) wechselte. Warum gerade Steyl, Steyler Missionare? Weil mein Cousin Hubert Schöning auch dort war und ich sah darin die beste Möglichkeit, einmal in die „Mission" zu gehen, möglichst nach Brasilien. Davon träumte ich und später wurde es Wirklichkeit.

Nach dem Abitur in Steyl 1962 folgten Noviziat und Philosophiestudium im ordenseigenen Missionshaus Sankt Gabriel in Mödling bei Wien. 1962 war auch das Jahr, in dem Papst Johannes XXIII. in Rom das Zweite Vatikanische Konzil eröffnete. Es sollte vier Jahre dauern, bis 1965, und dieses Konzil und alles, was wir damals darüber zu hören bekamen, prägte unser aller Verständnis von Kirche und auch meine persönlichen Einstellungen sehr wesentlich mit. Da drückte unser alter Pater Novizenmeister auch schon gerne mal ein Auge zu, wenn er merkte, dass wir in Gumpoldskirchen ein wenig zu tief in die Heurigengläser geschaut hatten und in Zivilkleidung das Haus verließen, statt in den schwarzen Soutanen, wie eigentlich noch vorgeschrieben. Aber niemand wusste mehr so recht, ob und wie es weitergehen würde. Das Konzil hatte auch bezüglich der Priesterkleidung die „Fenster" geöffnet. Ich persönlich hatte mich in dieser „Frauenkleidung" – in der langen schwarzen Soutane – nie wohl gefühlt. Sie zu benutzen, wurde also immer mehr eingegrenzt, meist nur noch zu bestimmten Feierlichkeiten vorgeschrieben. Daher fühlte sich unser Novizenmeister auch verpflichtet, uns noch sehr fürsorgliche Einweisungen zu geben, wie man mit den Dingern umzugehen hatte, besonders an bestimmten Orten. Auf der Straße also ließen wir die lange Kleidung mit den breiten Bauchbinden möglichst weg und gingen anderen Männern gleich gekleidet unter die Menschen. Die Priester-Uniform, in welcher Form auch immer, so wurde uns bald klar, wurde leicht zum Hindernis in der Begegnung mit den Menschen. Sie baute eine Wand auf, bevor man miteinander ins Gespräch kam. Die Menschen sollten uns an dem erkennen, wer wir wirklich waren und sein wollten, nicht an äußeren Erscheinungsbildern. Unser Novizenmeister wusste uns das sehr anschaulich beizubringen am Beispiel von Jesus selbst, der sich den Jüngern von Emmaus nicht durch Äußeres zu erkennen gab, sondern durch das Brot-miteinander-Brechen und Teilen. Also am Brotbrechen hatten sie erkannt, dass es der Herr, der Auferstandene war, der Seite an Seite mit ihnen ging und ihnen vom Reich Gottes erzählte. Jesus also nicht in Uniform und „Auferstehungsgewändern", sondern zum Anfassen den Menschen gleich. Er trug sein Folterwerkzeug, an das er, einem Verbrecher gleich, geschlagen worden war und woran er leidvoll sterben musste, nicht in „himmlischem" Gold auf der Brust.

Das Konzil in Rom sprengte auch allzu enge Gleise und Normen, unnötige Begrenzungen, wie etwa das Latein als offizielle kirchliche Sprache. Sie war mir trotz jahrelangem Unterricht auf dem altsprachlichen Gymnasium immer fremd geblieben. Wir bekamen nun den Eindruck, im zukünftigen kirchlichen Dienst diesen Klotz am Bein nicht mehr mitschleppen zu müssen. Aber bis es endlich so weit war, übten wir dennoch fleißig, nicht nur beim täglichen Brevier- oder Rosenkranzgebet, in der Liturgie und bei den Vorlesungen in Philosophie, sondern etwa auch beim sogenannten Kolloquium während unserer gemeinsamen Spaziergänge durch die Klostergärten!

Uns begeisterten auch die sogenannten Arbeiterpriester, die es damals vor allem in Frankreich gab. In den Konzilsnachrichten, die uns aus Rom erreichten, war viel von ihnen die Rede und von den Armutsbewegungen wie etwa die um den französischen Priester Charles de Foucauld, der als Eremit unter den algerischen Tuareg lebte und ermordet worden war. Oder auch die Armutsbewegung und eine Kirche der Armen, die Bischof Helder Camara aus Brasilien vertrat. Auch von ihm hörten wir des Öfteren und wie er sich dafür einsetze, dass die Kirche von ihrem „hohen Ross" herabsteigen müsse und dass Evangelisierung etwas zu tun habe mit gewaltlosem Einsetzen für den Frieden. Gewaltlosigkeit und Friedensbewegung. Helder Camara hegte eine persönliche Freundschaft zu Martin Luther King und zu Roger Schütz, dem Gründer von *Taizé*.

So prägte uns also alles mit, was parallel zu der Zeit in Rom geschah. In unseren Noviziatskurs waren allein aus Deutschland 53 junge Männer eingetreten. Nicht ganz so viele zählte der Parallel-Kurs mit Österreichern und Schweizern. Damals stimmten die Zahlen noch. Bei so vielen Kollegen gab es natürlich solche und solche. Ein sehr frommer und immer ernster Mitbruder hatte mich einmal beim Novizenmeister angeschwärzt, weil ich heimlich zu viel Zeit mit meinem Hobby verbrachte. Ich wäre zu viel beschäftigt mit dem Zusammenkleben und Vertonen von meinem 8-mm-Filmchen. Es war nämlich ein Film am Entstehen über unser Leben im Kloster! Den Film gibt es intern bis heute: „G'schichten aus dem Wienerwald" – und er wird gerne auf Klassentreffen gezeigt. Drehbuch: Joachim Piepke (heute Direktor a.D. der theologischen Hochschule und noch Direktor des Anthropos-Institutes in St. Augustin).

Nach dem Noviziat und dem Philosophiestudium in Wien folgten acht Semester Theologiestudium im ordenseigenen Priesterseminar St. Augustin bei Bonn. Auch hier hatten wir großes Glück mit unseren Professoren. Besonders unser Dogmatikprofessor Heinrich Dumont hielt uns immer auf dem neuesten Stand der Dinge, was aus Rom und dem Konzil „herüberschwappte". Er war frisch zurückgeordert worden aus seiner Missionstätigkeit in Argentinien und selbst ein begeisterter Konzilsanhänger. Hin und wieder zelebrierte er mit unserem Kurs eine heilige Messe in einer kleinen Klosterkapelle und gab uns bereits die Möglichkeit, die Wandlungsworte über Brot und Wein mitzusprechen. Es war damals schon im Gespräch, dass eine Gemeindeleitung der Zukunft anders aussehen könne, auch ohne geweihten Priester. Die Gemeinschaft aller Gläubigen konsekriere Brot und Wein, der Priester „stehe vor". Und das Priesterbild würde sich ändern. In ferner Zukunft sei auch mit verheirateten Priestern zu rechnen. Für ihn stand fest, dass der Pflichtzölibat ein Auslaufmodell war und die Leitung der Gemeinden der Zukunft anders funktionieren werden würde. Neue Formen der Gemeindeleitung würden sich entwickeln, wenn auch nicht von „heute auf morgen". Es könne noch 50 oder 100 Jahre dauern. Kirche, so lernten wir, sei die Gemeinschaft der Gläubigen vor Ort. Kirche müsse/ könne sich zukünftig auch in einem Hochhaus verwirklichen (Kirche im Kleinen), viele Kirchen im Kleinen, an Ort und Stelle, Menschen, die sich im Glauben fänden und auch ihre Gottesdienste feiern würden. Die „Gaben" und „Talente" befänden sich unter den Menschen und müssten sich dort entfalten.

Wir erhielten eine Ausbildung zu Missionaren. Das hieß nicht, dass wir alles „besser" wussten, um es der Menschheit zu predigen. Genau umgekehrt sollte es sein: wenn wir in ferne Länder gehen, in die sogenannte „Dritte Welt", sollte Hinhören angesagt sein, Dialog. Andere Kulturen und Religionen bergen in sich bereits das Wort Gottes. Ähnlich wie das Alte Testament und das Judentum auf Christus hin wirkten, sei es auch mit anderen Religionen. Also sollten wir behutsam damit umgehen und den darin enthaltenen Reichtum und das Wort Gottes erkennen. Der gute alte Papst Johannes XXIII. und sein Nachfolger Papst Paul VI. und die Konzilsväter wollten die Zeichen der Zeit erkennen und aus der europäischen Kirche eine Weltkirche, die diesen Namen verdient, machen. So wie es im Konzil zu Papier gebracht wurde und bis heute auf seine Verwirklichung wartet:

> „Freude und Hoffnung, Trauer und Angst der Menschen von heute, besonders der Armen und Bedrängten aller Art, sind auch Freude und Hoffnung, Trauer und Angst der Jünger Christi. Und es gibt nichts wahrhaft Menschliches, das nicht in ihren Herzen seinen Widerhall fände." (GS 1)

Damit die Kirche ihren Auftrag allzeit gut erfüllen kann, obliegt ihr „die Pflicht, nach den Zeichen der Zeit zu forschen und sie im Licht des Evangeliums zu deuten". Diese Aussage, genannt Pastoralkonstitution, begeisterte uns alle. Es war eine ganz neue Sprache. Und für alle in Deutsch zu lesen, nicht nur in Latein. Wir hatten uns nicht mehr ausschließlich auf Tradition und Bibel zu stützen, sondern den Willen Gottes auch in den „Zeichen der Zeit" zu suchen und neu zu interpretieren. Nur „so kann sie [die Kirche] dann in jeweils einer Generation angemessenen Weise auf die bleibenden Fragen der Menschen nach dem Sinn des Lebens ... Antwort geben" (GS 4).

Das alte Missionsverständnis also, nach dem wir allein die Wahrheit (in der allein heiligmachenden Kirche) besaßen und diese als Missionare in die Welt des sogenannten „Heidentums" hinaustragen sollten, war überholt. Gott sei Dank! Wir alle damals fühlten uns erleichtert. Wir verstanden uns selbst mehr als Suchende denn als Alleswisser und Zurechtweiser im Namen des Dogmas und des Katechismus einer katholischen Kirche. Wir fühlten uns mehr Jesus als dem wahren Lebensvorbild verpflichtet. Wir durften uns auf die Begegnungen mit ganz anderen Religionen und Glaubensrichtungen freuen. Mein Leben bekam einen schönen Sinn! Ich freute mich auf Brasilien und auf alles, was mich dort erwartete.

1968 war das Abschlussjahr unseres Theologiestudiums. Die „1968er"! Natürlich ging diese Zeit auch an uns nicht spurlos vorüber. Unser Theologenpräfekt, zuständig für gute priesterliche Erziehung und ordnungsgemäße Vorbereitung auf die Priesterweihe, hatte in allem seine tausend Schwierigkeiten mit uns. Wir konnten seine „Enge“ kaum noch nachvollziehen. Ein Beispiel: Mein eigener Vater war mit damals genau 70 Jahren schwer erkrankt und lag im Sterben. Die Ordensschwestern des Krankenhauses meines Heimatortes riefen mich an, ich müsse „noch heute“ kommen, wenn ich ihn noch lebend sehen wollte. Kein Argument für unseren Pater Präfekten: „Das geht nicht, und wenn, dann können Sie nicht ein zweites Mal – zur Beerdigung – fahren, falls er dann doch erst später sterben sollte“. Diese Nachricht hörten die Kurskollegen. Sie alle standen auf meiner Seite und beschlossen, dass ich fahren sollte. Falls etwas gegen mich passieren sollte, würde sich niemand von den 13 Weihekandidaten zum Priester weihen lassen. Bruder Werner, Chef der Buchhandlung, hatte ein Auto und fuhr mich ohne das Einverständnis meines Oberen direkt in meine 150 Kilometer entfernte Heimat ins Münsterland. Eine Riesenfreude für meinen sehr gläubigen Vater, der mir dann erzählte, die Nachbarin Änne habe ihm von einer Pilgerfahrt nach Lourdes etwas Lourdes-Wasser zum Trinken mitgebracht. Es gehe ihm schon etwas besser. Der Arzt zeigte mir die Röntgenaufnahmen mit den fleckigen und kranken Lungenflügeln und gestand, dass er sich die leichte Besserung nicht erklären konnte. Mein Vater sollte noch elf weitere Jahre leben und mit gut 80 sterben, als ich in Brasilien war.

Nach meiner Priesterweihe am 19. April 1969 bereitete ich mich – zusammen mit einer größeren Gruppe – bis zum Jahresende an der Universität Löwen in Belgien auf Brasilien vor. Neben dem Sprachstudium bei einer brasilianischen Lehrerin ging es darum, uns auf die politische Lage während der Militärdiktatur vorzubereiten. Zu dieser Gruppe in Löwen gehörten viele Ordensleute unterschiedlichster Frauen- und Männerorden und einige Entwicklungshelferinnen und -helfer, etwa 40 Personen insgesamt. In besonders positiver Erinnerung ist mir bis heute die tägliche Liturgiegestaltung innerhalb dieser Gruppe geblieben. Alle nahmen daran teil und brachten sich ein. Da gab es keinen „Priester oder Laien“, keine „Frau oder Mann“. Alle waren gleich. Alle beteten alles gemeinsam. Kirchliche Erneuerung geschah nicht auf dem „Reißbrett“, es durfte auch experimentiert werden, und wir taten es, um die bestmögliche Art für uns zu finden. Wer sich selbst einbringt, hat mehr davon. Das Konzil hatte uns so geprägt.

In diesen Monaten in Löwen erfuhren wir auch über zeitaktuelle besonders markante Geschehnisse in Brasilien, über das Vorgehen der dortigen Militärdiktatur. Wir bekamen es ein klein wenig mit der Angst zu tun, als wir von konkreten aktuellen Vorfällen erfuhren. Von dem französischen Priester François Jentel zum Beispiel, der während seiner Verhöre in Gefangenschaft saß und Schlimmes durchmachte mit schier unglaublichen Foltermethoden. Angeklagt wegen seiner „Verbrechen gegen die nationale Sicherheit“ und seiner kritischen Bemerkungen über die Legitimität des Militärregimes. Er wurde des Landes verwiesen und starb jung an seinen erlittenen Qualen in seinem Heimatland Frankreich. Er hatte in Brasilien mit dem spanischen Priester Pedro Casaldáliga (der später Bischof wurde, und mit dem sich mein Leben noch sehr intensiv kreuzen sollte) zusammengearbeitet und hatte sich zu sehr auf die Seite der geknechteten Kleinbauern und indigenen Völker gestellt, gegen Großprojekte, die den Kleinen ihre Lebensgrundlagen nahmen. Sein Name stand seitdem in allen Allerheiligenlitaneien der Basisgemeinden. Er wird bis heute als Märtyrer verehrt.

Wir hörten von anderen Leidensgeschichten und über die verschiedensten Foltermethoden gegen einen jungen Theologiestudenten aus dem Dominikanerorden, Frei Tito de Alencar, der auf Folterrädern gespannt immer wieder mit Elektroschocks an Kopf, Ohren und Genitalien und durch Ausdrücken der Zigaretten des Folterers an seinem ganzen Körper gequält wurde. Frei Tito versuchte dem Ganzen durch Selbstmord ein Ende zu setzen, was ihm misslang. Das war in dem Jahr, als ich mich in Löwen auf Brasilien vorbereite.

Als Frei Tito später frei gelassen wurde, verließ er Brasilien und versuchte sich in einem Dominikanerkloster in Frankreich wieder zu fangen. Er schaffte es aber nicht, sich von dem Erlittenen frei zu machen und wieder an Gott und die Menschheit zu glauben und nahm sich das Leben. Als 1983 (immer noch während der Militärdiktatur) seine sterblichen Überreste nach *São Paulo* überführt wurden, übernahm Kardinal Paulo Evaristo Arns in Begleitung seiner Weihbischöfe, alle in roten Gewändern, der Farbe der Märtyrer, den feierlichen Empfang Frei Titos in der Kathedrale von *São Paulo*. Er wird seither als Heiliger und einer der vielen Märtyrer Brasiliens verehrt.

Diese Monate in Löwen waren, wie meine Studienjahre, vom Zweiten Vatikanischen Konzil geprägt. Wir alle waren vor allem an den Wochenenden im pastoralen Einsatz in deutschen Gemeinden, meist in der eigenen Heimat. In Löwen gab es danach immer einen regen Austausch, wie es so „gelaufen" war. Dazu gehörten so viele „Kleinigkeiten", wenn man es so sehen mag: Dass zum Beispiel der Priester in einem Gemeindegottesdienst sich nicht als erster bei der Hl. Kommunion bedienen sollte, um sie dann fromm genüsslich unter den Blicken der Gläubigen zu verzehren. Bei einem jeden von uns, wenn er Gäste in sein Haus lädt, ist es doch umgekehrt: Es werden zunächst die Gäste bedient! Die Gastgeber, Hausherr, Hausfrau, setzen sich nicht als erste an den Tisch, derweil die Gäste im Türrahmen stehen bleiben und zuschauen... Ob es Gott, der sich in Form des Brotes an alle verschenkt, zur „größeren Ehre" gereicht, wenn die geladenen Gäste so behandelt werden, darf jedenfalls hinterfragt werden.

Oder nach der Wandlung: Gebet für den Heiligen Vater, für den Bischof, für alle Priester und Diakone, für alle Ordensleute und - „für das ganze Volk deiner Erlösten". Auch das kehrten wir in Löwen um, in den heilbringenden Gedanken, dass die „da oben" sich schon retten in ihrer Welt, in der sie leben. Stattdessen beteten wir zuerst für die „da unten", das ist die große Mehrheit. Kirche ist eine Versammlung, eine Bewegung der Glaubenden und Getauften. Und da sind es wieder zu allererst die Armen, Verlassenen, Alleinstehenden. Also betete ich auch künftig in Brasilien zuerst für die „Letzten", um dann aufzusteigen zu denen da oben bis hin zum Papst, damit er die Interessen dieser Menschen vertrete und die Kirche so lenke.

Eine weitere Kleinigkeit, die uns bewegte: Zum menschlichen Umgang mit Kindern gehört es auch, dass die Möglichkeit der sogenannten „Frühkommunion" gegeben wird. Gläubige Eltern sollten selbst ihren Kindern vom Glauben an Gott erzählen und sie in die „Geheimnisse" ihres Glaubens einführen. Es bleibt den Eltern überlassen, ihre Kinder von klein an mit zum Kommunionempfang zu nehmen. Allen war klar, dass die „feierliche Erstkommunion" mehr vom Eigentlichen ablenkte, als dass sie da „hinführt". Gegen Ende der 1960er Jahre praktizierten wir es bereits so in den Familien meiner älteren Geschwister, also mit meinen Neffen und Nichten. Jetzt vor wenigen Jahren, als unsere beiden eigenen Söhne klein waren, brachen meine Frau und ich die beiden empfangenen Hostien jeweils zur Hälfte und teilten sie mit unseren Kindern.

Ein für uns weiterer Punkt war die Kelchwahl zur Priesterweihe. Sie waren immer vergoldet. Uns wurden nun, wie wir es wünschten, Holz-gedrechselte Kelche (innen drin doch noch vergoldet) mit den dazu passenden Holzpatenen für die Hostien zugestanden, und der Bischof, der uns die Weihe spendete, segnete auch sie ohne irgendwelche Einwände.

Auch die Handkommunion wurde, wenn auch nur in einigen Pfarreien und bei einigen Pfarrern unter großen Widerständen, eingeführt.

Wie es war im Anfang...

Dann kam die große Reise nach Brasilien. Wir waren zu dritt und trafen uns am Hafen in Genua. In meinem ersten Oster-Rundbrief an meine Familie und an die Freunde und Bekannten in der Heimat schrieb ich: „Am Samstag, dem 14. März, gegen 14 Uhr verlässt unser Schiff *Eugenio ‚C'* den Hafen von Genua. Es ist ein Riesenpassagierdampfer mit 30.500 Tonnen, 250m lang, 10 Etagen über dem Wasser"... Dann folgten zwei bemerkenswerte Geschehnisse, das erste eher frommer, und das zweite profaner Natur: „Es befinden sich zwei kleine kirchliche Meditationsräume an Bord, in denen wir täglich konzelebrieren. Bei hohem Seegang schweben wir auch schon mal fünf Meter hoch und wieder runter. Das sei bei Heiligen oft so üblich, lernten wir schon im Noviziat und erinnerten uns an den Hl. Josef von Copertino, der wegen seiner angeblichen Schwebezustände bei andächtigem Beten auch der ‚fliegende Frater' genannt wurde"...

> „Die Abende auf einem solchen Schiff sind laut und bunt. Täglich Tanz, Musik, Maskenbälle, Gesang und Spiel in allen dafür vorgesehenen Räumen und Bars... Wir lernen bald noch weitere Priester vom Orden von der Hl. Familie und den Franziskanern kennen und spielen abends immer gemeinsam Doppelkopp. Sie spielen leidenschaftlich und freuen sich morgens bereits weder auf den gemeinsamen Abend. Ein sehr glücklicher Umstand verlängert uns dabei hin und wieder die Kartenfreuden: an vier Abenden verkündeten die Lautsprecher um Mitternacht, wenn gerade die letzte Runde anstand, dass die Uhren um eine Stunde zurückgestellt würden, weil wir uns wieder um so und so viel Längengrade nach Westen bewegt hätten. Es ist eine wunderbare Sache, wenn man beim Doppelkopp mit der Sonne fährt."

Mit mir auf der *Eugênio ‚C'* sind mein Klassenkollege Joaquim Piepke aus St. Augustin und Franz Kummer, ein Österreicher aus dem parallelen Noviziatskurs in St. Gabriel bei Wien. „Wasser, Wasser und immer nur Wasser! Es ist ein Schauspiel, und wir werden nicht müde, an der Reling stehend seinen zauberhaften tausend Formen zuzuschauen. Es ist so ähnlich wie bei den Flammen an einem westfälischen Kamin"...

Natürlich zwischendurch Äquatortaufe, fliegende Fische, die das Schiff begleiteten, Sonnen- und Wasserbäder auf Deck und irgendwann nach zehn Tagen Fahrt „Land in Sicht". In *Rio de Janeiro* nutzen wir die paar Stunden Aufenthalt, um von Bord zu gehen. Pater Werner Siebenbrock SVD, der ein paar Jahre zuvor in St. Augustin zum Priester geweiht worden war und nun als Pfarrer in der Gemeinde Cristo Redentor in Rio de Janeiro tätig war, empfing uns und nahm uns mit auf den bekannten Berg *Corcova-*

do mit der riesigen Christusstatue, die zu seiner Gemeinde gehörte. Danach ging es auf den Zuckerhut und gegen Abend wieder zurück zum Schiff.

Einen Tag später legte die *Eugênio ‚C'* in *Santos* an, dem Hafen der Millionen-Metropole *São Paulo*. Wir wurden von zwei Patres empfangen: dem Provinzoberen der Steyler Missionare in *São Paulo*, Pater Joel Catapan SVD (später Weihbischof in *São Paulo* unter Kardinal Paulo Evaristo Arns), und dem ehemaligen Kriegskollegen meines Bruders, dem Zisterzienserpater Paul Goecke. So ein herzlicher Empfang machte das Ankommen leichter.

Nach wenigen Monaten des Einlebens und dem Sprachstudium in *Ponta Grossa* im drittsüdlichsten Bundesland Brasiliens, *Paraná*, hatte mich der zuständige Provinzobere in der brasilianischen Südprovinz gebeten, direkt eine Ferienvertretung in *Novo Sarandi* zu übernehmen.

Novo Sarandi liegt 600 Kilometer von *Ponta Grossa* entfernt, im äußersten Westen, zwischen den kleinen Urwaldstädten *Toledo* und *Guaira*, einer jungen Siedlungsstadt an den *Sete quedas* (sieben Wasserfälle) des Paraná-Flusses, welcher die Grenze zu Paraguay bildet. Tag für Tag die gleichen Bilder und Herausforderungen: Urwälder, Neurodungen, brennende Baumstümpfe, brückenlose Flüsse, Abermillionen Schmetterlinge, rote Erde, der Himmel zugewachsen, dicht wie ein Dach. Kein Sonnenstrahl gelangt hindurch, um die feuchten Böden zu trocknen. Feucht-tropische Gerüche und Dünste überall. Die Schneisen und Wege durch die Urwälder glitschig, spiegelglatt wie auf Eis. In den Baumkronen und an den Lianen hin und her springende Affen, bunte Orchideen und Papageien, Araras. Unten am Boden rattern die Ketten auf den Hinterreifen des alten VW-Käfers von Pater Aloísio Baumeister, dem Gemeindepfarrer, den ich nun zu vertreten habe. Nur mit solchen Ketten habe ich eine Chance, an den Steigungen hochzukommen und an den hängengebliebenen und quer stehenden LKWs vorbeizusteuern.

In einem alten Buch finde ich aufschlussreiche Informationen über ganz genau diese Gegend, etwa 40-50 Jahre früher:

> Auf schmalem Pfad durch hundert Kilometer breiten Urwald erreicht man von Toledo aus den kleinen Stadtplatz Guaíra. Dort liegen auch die berühmten Wasserfälle ‚Sete Quedas' (Sieben Fälle). Das ganze Gebiet hat eine englische Gesellschaft gekauft, um die Edelhölzer aus dem Urwald zu holen und Teepflanzungen anzulegen. In Guaíra haben sie eine gute Werkstatt für Eisenbahnwagen und Schiffe. Mitten durch den Urwald haben sie eine Schmalspurbahn gebaut, um die Wasserfälle zu umgehen. Sie laden die Edelhölzer auf Dampfschiffe, die sie zum La Plata bringen. Von dort befördern die Überseeschiffe die Fracht nach England.

Der Buchautor schreibt dann von einem „Lager von Bandidos", das genau in dieser Gegend zwischen *Toledo* und *Guaira* angelegt worden war und das die Wälder durch Morde und Raubzüge unsicher machte. Ihr Anführer hieß „Lampeão".

> ... Wer irgendwie mit dem Gesetz in Konflikt geraten ist, sucht in dem Lager Zuflucht und Schutz. Lampeão jedoch nimmt nur ‚ehrliche' Leute auf. Mit Berufsverbrechern will er nichts zu tun haben. Auch hat er eine strenge Ordnung. Wer seinen Befehlen nicht gehorcht, wird erschossen... Als nun eines Tages die Bandidos sich in diesem Gebiet wie Heuschrecken verbreiten, lassen die Engländer fluchtartig alles stehen und liegen und fahren mit ihren Dampfschiffen davon. Lampeão mit seinen Banden richten sich für längere Zeit ein, denn durch den Urwald sind sie geschützt. Der schmale Weg zwischen Toledo und Guaira ist leicht zu überwachen. Außerdem verpflichten sie die vor dem Wald wohnenden Kolonisten (Ansiedler), ankommende Polizisten oder Soldaten sofort zu melden. So bleiben auch verschiedene Unternehmungen der Polizei gegen die Bandidos erfolglos. Die Polizisten kommen wohl in den Wald hinein, aber nicht wieder heraus...

Von den Bandidos mit ihrem Anführer „Lampeão" ist bei meiner Ankunft 1970 keine Spur mehr zu finden. Das brasilianische Militär hatte ihre Lager längst zerschlagen, um Verträgen mit den Engländern gerecht zu werden. Ich erlebe die unendlichen Landschaften ohne Edelhölzer, aber ansonsten noch mit Urwäldern bedeckt. Es gibt einige Dorfansiedlungen, sie gleichen den Bildern vom Wilden Westen. Das Hinterland ist dünn besiedelt. Es kommen jedoch tagtäglich neue, junge Familien aus dem südlichsten Staat Brasiliens, *Rio Grande do Sul.* Die *Gaúchos* sind meist kinderreiche Familien auf der Suche nach eigenem Grund und Boden, den sie in *Rio Grande do Sul,* dem eigentlichen Land der *Gaúchos,* nicht mehr vorfanden. Hier im äußersten Westen des Bundeslandes *Paraná* bekommen sie von der Regierung Land zugewiesen und ihre Aufgabe ist die Rodung und das Verbrennen von Hölzern. An den vom Urwald freigelegten Stellen wurde die Sonne nun vom dunklen Qualm der vielen brodelnden Feuer und Glutherde bedeckt. Zwischen knorrigen, noch im Boden steckenden Wurzelstämmen der ehemaligen Edelhölzer und Urwaldriesen und den noch qualmenden Ästen werden per Hand erste Getreide- oder Grassamen ausgesät oder frische *Abacaxí*-Pflanzen (Ananas) und kleine Setzlinge von Maniokwurzeln oder Tabakpflanzen gesteckt.

Das alles war für mich eine neue Welt. Doch auch ich hatte diesen Menschen etwas Neues zu „bieten", um damit Alt und Jung, Klein und Groß aus ihren Hütten zu locken und sie zu bewegen, zu einer Versammlung oder auch zum Gemeindegottesdienst zu kommen. Es waren Super 8mm-Filmchen, „Dick und Doof" oder Ähnliches. Mit einem kleinen Stromaggregat und Bettlaken war auch mitten im Wald schnell ein funktionsfähiges Kino eingerichtet. Film und Fernsehen war diesen Neusiedlern vollkommen unbekannt, ebenso unbekannt wie die Landung des ersten Astronauten Armstrong auf dem Mond.

Das ist genau ein Jahr her. Es kostet eine Menge Überzeugungskraft, den Leuten klar zu machen, dass da oben auf dem Mond wirklich schon ein Mensch „herumgehüpft" ist. Aber auch so kleine Filmchen, wie ich sie im Angebot habe, werden zur Attraktion schlechthin und ziehen magisch an, Gläubige, Nicht-Gläubige, Katholiken und andere. Es spricht sich herum, dass der Pater da wieder ein Kino aufbaut, mitten im Urwald. Er zeigt Filme und hat dann nur eine Bitte, dass nämlich alle noch zur Hl. Messe bleiben. Natürlich sollte vor jeder Hl. Messe allen TeilnehmerInnen die Beichte abgenommen werden und es bilden sich bereits lange

Schlangen. Ich sehe, dass da kein „Durchkommen“ ist und fange an, die Einzelbeichte durch Katechese und Bußgottesdienst zu ersetzen. Diese Möglichkeit war ja auch durch das Zweite Vatikanische Konzil gegeben und machte eindeutig mehr Sinn als die obligatorische „Geheimbeichte“.

Viel Vertrauen und Wohlwollen brachte mir unser Bischof Dom Armando Círio aus dem nahegelegenen Städtchen *Toledo* entgegen. Der italienische Missionar mittleren Alters (Bischofsernennung durch Papst Johannes XXIII.) war immer sehr ruhig, besonnen, sehr bescheiden und versuchte, die Beschlüsse des Zweiten Vatikanischen Konzils – und mehr noch: die der lateinamerikanischen Bischofskonferenz von *Medellín* (gerade zwei Jahre her) – in das kirchliche Leben und die Pastoral einzubringen. Größte Widerstände fand er unter den alten deutschen Missionaren, etwa zehn in seiner Diözese, allesamt Steyler Missionare. Die meisten von ihnen waren aus dem Missionseinsatz in China vertrieben worden und hier gelandet.

In den Jahresversammlungen des Klerus mit dem Bischof ging es oft heiß her, was das jetzt heißen sollte: „Option für die Armen“. Sie waren der Ansicht, es dürfe sich nichts ändern, schließlich sei die Kirche für alle da, auch für die Reichen. Man fügte also ein Wörtchen hinzu: „opção preferencial“ - „vornehmliche, erstrangige Option“. Mit dieser Übergangslösung konnte man erst einmal leben, denn irgendwie hatte man doch immer schon einen Blick auf die Armen gehabt und für sie – mehr noch in ihrem Namen – konnte man in der Heimat gut Gelder sammeln.

In etwa so ergeht es heute unter Papst Franziskus wohl auch der überwiegenden Mehrheit der Bischöfe Europas und der Weltkirche, leider auch wieder Brasiliens. Wie die alten Chinamissionare legen sie eher ein störrisches Verhalten an den Tag und wissen im Grunde nichts oder wenig mit einer „armen Kirche für die Armen“ anzufangen. Sie stehen der sich zu erneuernden Kirche, wie auch Franziskus sie sich wünscht, im Wege und machen alles so weiter, „wie es war im Anfang, so auch jetzt und allezeit“... Inzwischen ist diese vorkonziliare Kirche ziemlich am Ende und liegt zerschlagen am Boden. Unter den Päpsten Johannes Paul II. und Benedikt XVI. haben imperiales Gehabe bei Bischofsernennungen und absolut zentralistische Orientierungen den falschen Weg vorgegeben. Eine auch vom Konzil angesteuerte „andere", synodale Kirche entwickelte sich nicht.

Immer wenn der eine oder andere dieser alten deutschen Missionare – vor allem ein gewisser „Padre Pesqueiro" (er war ein leidenschaftlicher „Angelpater") – nicht bereit war, beispielsweise die Trauung eines evangelisch-katholischen Paares vorzunehmen, es sei denn, der evangelische Teil bekehre sich zuvor zum Katholizismus, dann bat mich Bischof Dom Armando einzuspringen und die Trauung vorzunehmen. Padre Pesqueiros Einstellung in dieser Hinsicht war jedenfalls zur Genüge bekannt. Wenn beim Angeln ein Fisch angebissen hatte und die Schnur hin und her durchs Wasser glitt, rief er: „Los, du Protestant, bekehre dich, komm endlich da heraus!" So hielt er es eben auch mit jungen Leuten verschiedener Konfessionen, die einander Liebe und Treue versprechen wollten. Da ging gar nichts, ohne dass sie sich zuerst nach den Vorgaben des Paters zum Katholizismus bekehrten und sich erneut von ihm das Taufwasser über den Kopf gießen ließen. Der Padre Pesqueiro war der Pfarrer der kleinen Stadt *Marechal Cândido Rondon*, auch auf der Achse *Toledo - Guaira* gelegen, etwa auf der Hälfte der Strecke. In der Stadt hatte der Pater bereits eine Holzkirche mit einem Glockenturm errichtet. Das machte schon einen Sinn, nicht um die Gläubigen zu rufen, sondern vor allem den Pater. Es kam schon mal vor, dass Braut und Bräutigam samt Gästen bereits in der Kirche warteten und die Glocke immer heftiger gezogen werden musste, bis auch der alte Pesqueiro am Ufer des Flusses „hellhorig" wurde.

Nachdem ich also zunächst einmal in *Novo Sarandi* direkt ins kalte Wasser geworfen worden war, bekam ich die erste Stelle als Kaplan in *Medianeira*, 150 Kilometer südlich von *Novo Sarandi* und nur 60 Kilometer vor der bekannten Touristenstadt *Foz do Iguaçú* mit den berühmten und schönen Wasserfällen gelegen.

„Ich werde nach *Medianeira* gehen, einem Städtchen mit 12.000 Einwohnern, einer zentralen Pfarrkirche und 29 Außenstationen, kleinen Gemeinden im Landesinnern. Die Zahl der Menschen kommt insgesamt auf 20.000. Die ersten Siedler kamen vor 10 Jahren nach *Medianeira*", schrieb ich in einem meiner ersten Rundbriefe an meine Verwandten und Freundinnen und Freunde in der Heimat.

Die älteren Mitbrüder erzählten immer wieder gerne, wie die Missionare noch vor wenigen Jahren aus der 400 Kilometer entfernten „Missionszentrale" in *Guarapuava* aufbrachen und monatelang auf Pferden unterwegs waren, um die in den Urwäldern verstreuten Gemeinden zu besuchen, die Beichte zu hören, die Heilige Messe zu feiern, Kinder zu taufen und das Sakrament der Ehe zu spenden. Über Anzahl der Beichten und Kommunionempfang wurden mit kleinen mechanischen Zählwerken per Daumenklick genaue Statistiken geführt. So ein Ding hatte mein neuer Pfarrer auch für mich zur Verfügung gestellt und bat mich, es zu benutzen, damit er am Monatsende genaue Statistik führen und dem Ordensoberen berichten könne. Das kleine Gerät ähnelte den früheren alten Fahrrad-Kilometerzählern, die jeweils durch die Speichen Impulse bekamen. Hier solle ich also nach jeder Beichte einmal drücken. Die Zählung ging bis 999, dann fing sie wieder bei 000 an.

Ich ließ meinem Pfarrer wissen, dass mich das alles wenig interessierte. Aber ich war ja nur sein Kaplan. Es kam immer wieder zu Streitigkeiten. Einmal schickte er mich zu einem Bauern, der gebeten hatte, eine seiner Kühe mit Weihwasser zu segnen, weil die Kuh gekalbt hatte und noch keine Milch gab. Nachdem ich ihm gesagt hatte, ich habe derlei Segen in meiner Theologie nicht gelernt, fuhr er wütend selber hin. Und siehe da: Anderntags ein Kuchengeschenk vom Bauern für den Pastor, weil die Milch wieder floss.

Während mein Pastor in den Sonntagsmessen in der Pfarrkirche vielen Menschen und Müttern mit ihren Kleinkindern – aus welchen Gründen auch immer – öffentlich Segen und Kommunion verweigerte und sie oft vor den Blicken aller dumm dastehen ließ, teilte ich solchen Menschen die „Gnadenmittel" unterschiedslos und ohne Wissen um ihre „Sünden“ aus und hatte das dann privat vor meinem Pastor zu rechtfertigen. Wie er mir darzulegen versuchte, laufe da bei einigen in der Ehe Einiges schief. Nur bei uns Priestern lief alles heiligmäßig: Die Klingel an der Pfarrhaustür blieb grundsätzlich abgeschaltet. Stellte ich sie dennoch immer wieder an, solange ich auch im Haus war, gab es Krach zwischen uns. Er hatte zwei VW-Käfer. Sein privater war normalerweise auf Klötzen aufgebockt, um die Räder zu entlasten. Nur alle „Jubeljahre“ holte er das Auto für private Fahrten von den Klötzen. Der zweite stand grundsätzlich für mich und für die Fahrten zu den Außenstationen zur Verfügung, doch hatte ich als sein Kaplan immer wieder, jeden Tag neu, um Erlaubnis und Schlüssel zu bitten.

Teilweise, so hörte man sagen, hatten einige dieser Missionare im Zweiten Weltkrieg Schlimmes durchmachen müssen. Auch mein Pastor in *Medianeira* sei ein paar Tage verschüttet gewesen, bis man ihn habe bergen können. Mitten in den Nächten fing er an zu schreien, sodass das ganze Pfarrhaus bebte. Dann ging unsere gute Dona Carmen hin und klopfte an seine Tür, rief ein paar mal laut seinen Namen, bis er wieder wach wurde. Sie war auch die einzige Person, die in der Lage war, zwischen dem Pastor und seinem Kaplan zu vermitteln.

Um den Menschen in der Stadt näher zu kommen und sie besser kennenzulernen, feierte ich systematisch sogenannte Hauseucharistien, also Hl. Messen in Privathäusern mit Nachbarn und Bekannten, die dazu kommen wollten. Es kamen immer so um die 60 bis 80 Leute, vor allem auch solche, die man sonntags in der Kirche nicht zu sehen pflegte. Ich lernte die Familien und ihre Probleme kennen. Wie sehr ich mitten im „Wilden Westen“ gelandet war, bezeugen Zeilen aus meinen Rundbriefen:

> „Direkt bei meinen ersten Besuchen auf den Außenstationen kam ein Mann zu mir und wollte beichten. Ich bemerkte seinen Revolver im Gurt. Er kniete sich neben mich, klopfte mir vor lauter Freude, einen jungen Pater zu sehen, auf die Knie und erzählte mir immer mehr von der Gottesmutter und dem guten Jesus. Nur

von Sünden schien er nichts zu wissen. Dann knöpfte er sein Hemd auf, um mir zu zeigen, wie viele Wunden und Einschüsse er schon hatte, dass er aber immer noch lebe, natürlich dank der Nossa Senhora und dem Bom Jesus. Auch bei den Menschen läge einiges im Argen, vor allem, was die Frauen angehe, meinte er. Ich spürte, er hatte es faustdick hinter den Ohren. Aber davon erzählte er keine Silbe. So wurde ich schließlich konkret und fragte ihn, wie viele er schon umgelegt habe. Was blieb mir anderes übrig. Schließlich konnte ich ihm ja nicht die Sünden der anderen vergeben… (Die Antwort bleibt ein Beichtgeheimnis!) Es gibt hier viele Schießereien, Messerstechereien und Streitigkeiten. Dabei geht es immer um Frauen oder Ländereien und die genauen Grenzen ihrer ziemlich wild besetzten Flächen. Um jene zu erobern oder diese zu verteidigen, beginnt schon mal das Blut in den Adern zu kochen."

Nach einem halben Jahr Zusammenwohnen mit meinem Pfarrer unter einem Dach und in ewigen Streitereien bat ich den Provinzoberen, unweit vom Pfarrhaus in eine von den Steyler Missionsschwestern geleitete „Maternidade" (Entbindungsstation für arme Frauen) ziehen zu dürfen. Dort war ein kleines Zimmer frei. Somit wurde ich ein wenig unabhängiger, den Autoschlüssel jedoch musste ich immer noch täglich persönlich beim Pfarrer abholen.

Drei für mich sehr wertvolle Jahre verbrachte ich von 1972-1975 in *Foz do Iguaçú*, der Stadt der schönen Wasserfälle. Ich sammelte dort als Kaplan sehr viele und gute Erfahrungen zusammen mit meinem wunderbaren Mitbruder aus dem Orden der Steyler Missionare, Pater Germano (Hermann Lauck), gebürtig aus *Hasborn* im Saarland. Er war nur wenige Jahre älter als ich und hatte mich bereits zwei Jahre zuvor, als ich zum Sprachstudium in *Ponta Grossa* weilte, zu einem gemeinsamen Ausflug zu den berühmten Wasserfällen von *Foz do Iguaçú* eingeladen. Auf der Reise dorthin machte mich Germano auf die Eigenarten des dortigen alten deutschen Pfarrers aufmerksam und bat mich, nichts von dem, was er sagen und was er von sich geben würde, allzu ernst zu nehmen. Dann erschien er auch höchstpersönlich in der Tür des alten Pfarrhauses. Wir begrüßten uns, Germano stellte mich vor, und die allererste Reaktion des Pfarrers, brummig und mit skeptischem Blick zu mir: „Warte mal eben!“ Er rannte weg. Wir standen da, schauten uns an und warteten. Irgendwann war er zurück, mit Tageszeitungen in der Hand, die er gesammelt hatte, breitete sie auf dem Tisch vor uns aus, klopfte mit der Hand auf einige Fotos, auf denen holländische Priester in Soutane mit ihren Frauen daneben zu sehen waren. Sein Kommentar: „Wenn du das auch im Kopf hast, wenn es das ist, was das Konzil euch gelehrt hat, dann ist es besser, du gehst direkt wieder!“ Schmunzelnd versuchte ich, das Kompliment „herunterzuschlucken“ und wolltc ihm sagen, dass das zölibatäre Priestertum sowieso in den letzten Zuckungen liege und in Zukunft sogar Laien, vor allem auch Frauen, die Gemeindeleitung übernehmen könnten und sie es vielfach sicher besser machen würden als wir spezialisierten Fachmänner. So hätten wir es bereits bei unserem Dogmatikprofessor in St. Augustin gehört. Doch während ich noch schluckte und anheben wollte, zu antworten, bat mich Germano, zu den Wasserfällen aufzubrechen.

Etwa zwei Jahre danach, am 30. Januar 1972, stellte uns unser Diözesanbischof von *Toledo*, Dom Armando Círio, in einem feierlichen Gottesdienst der Gemeinde vor: Padre Germano als neuen Pfarrer der Gemeinde und Padre Conrado als dessen Kaplan. Unser Vorgänger war bereits seit einigen Tagen spurlos verschwunden. Der Bischof sprach also seine Dankesworte an ihn ziemlich ins Leere.

Padre Germano als Pfarrer und Mitbruder war für mich das große Glück nach all den bisherigen Erfahrungen und Momenten, in denen es mir schon mal durch den Kopf gegangen war, alles „hinzuschmeißen“. Germano besaß eine besondere Gabe, alle Menschen in der Gemeinde unterschiedslos zu empfangen, sie anzuhören, ihre Probleme ernst zu nehmen. Manchmal standen sie Schlange. Für ihn gab es keine Normen, Gesetze, Vorschriften, keine Katholiken oder andere. Er war ganz nahe bei den Menschen, war durch und durch vom Zweiten Vatikanischen Konzil geprägt. Padre Germano teilte alle Trauer, allen Schmerz, alle Hoffnungen und Freuden mit den Menschen. Es lag ihm so im Blut. Und er war lernfähig. Wir beide zusammen waren ein Gespann. Wir waren wie zwei Brüder. Einer konnte sich auf den anderen verlassen.

In seiner sonst immer gütigen Art erlebte ich ihn nur ein einziges Mal zornig, als nämlich nach etwa einem Jahr unser Vorgänger wieder auftauchte und Germano Vorwürfe machte, dass ich seinen Plattenspieler samt Schränkchen in die Sakristei gestellt hatte, um auch mal Musik in die Kirche zu übertragen. Wie „hirnverbrannt" das denn sei und es sei schließlich sein Plattenspieler. Er sei gekommen, ihn jetzt abzuholen.

Die Arbeit hatten wir uns aufgeteilt. Da gab es zum einen die anfallenden pastoralen Aufgaben in der Mutterkirche zum Fest des Hl. Johannes dem Täufer im Zentrum der Stadt, wo wir auch wohnten, und zum anderen die täglichen Besuche in mindestens einer der insgesamt 40 kleineren Außenstationen. Maria, unsere damalige Haushälterin, war in der Gemeinde bekannt und beliebt. Wenn wir Priester nicht zu Hause waren, kamen die Leute durch die Hintertür ins Pfarrhaus, direkt durch die Küche, weil sie wussten, da war Maria irgendwo anzutreffen. Sie war eine getreue Ansprechpartnerin für alle und löste viele Probleme in unserer Abwesenheit. Bei den praktisch täglich anfallenden Beerdigungen funktionierte das so, dass die Familienangehörigen den oder die Verstorbene(n) in die Pfarrkirche brachten und dort aufbahrten. Die Toten mussten wegen des sehr heißen Klimas innerhalb von 24 Stunden beerdigt sein. Wenn also der Pastor und ich in den Gemeinden unterwegs waren, holte sich Maria den Weihwasserkessel aus der Sakristei, besprengte den Aufgebahrten mit Weihwasser und betete noch mit den anwesenden Trauernden ein Vaterunser, ein Ave Maria und Ehre sei dem Vater. Auch fand sie immer ein paar passende gute Worte des Trostes, bevor die Menschen den Toten betend zum nahegelegenen Friedhof begleiteten.

Germano war mehr für die Ehepaare zuständig und ich für die Jugendbewegung. Es entstand daraus eine wöchentliche Jugendmesse, die immer bekannter wurde und zahlenmäßig zunahm. Jeden Donnerstagabend um 23 Uhr kamen etwa um die 50 Jugendliche im großen Pfarrsaal zusammen. Eine Handvoll junger Leute aus der Cursillo-Bewegung bereitete die inhaltliche Gestaltung, Lesungen, Gebete, Predigten usw. vor. Natürlich mit Themen, die zu ihnen passten: Freundschaft, Liebe, Schule, Politik, Zukunft, Ängste...

Bei den Vorbereitungen der Texte war ich immer dabei und bei der Hl. Messe übernahm ich den „Vorsitz", wobei selbstverständlich alles gemeinsam geschah, so wie wir es in der „Konzilstheologie" gelernt hatten. Es gab kein einziges Gebet, das etwa nur dem Priester zustand oder reserviert blieb, und worauf die Laien mit „Amen" zu antworten hatten. Aller Glaube wächst von unten wie ein Same. Je mehr sich jeder Jugendliche selbst einbringen kann und – selbst bei Irrungen – ernst genommen wird, kann der Same in solch einem jungen, fruchtbaren Boden Wurzeln schlagen. Mir wurde immer bewusster: Die Leitung der Messe und die Gemeindeleitung der Zukunft wird in den Händen dieser Menschen liegen und unsere Aufgabe ist es, sie langsam darauf vorzubereiten und sie dahin zu geleiten.

Die Donnerstagabend-Messen gingen bis etwa 0:30 Uhr. Diese späte Uhrzeit richtete sich nach dem Unterrichtsende am Gymnasium nebenan, einem Gebäude, welches tagsüber von mehreren Schulformen belegt wurde, zuletzt von den Oberstufen des Gymnasiums.

Selbstverständlich wurden Ehepaare und Jugendliche auch an den Wochenenden auf den Außenstationen in die Mitarbeit eingeplant. Es wuchs eine missionarische Dynamik in unserer Gemeinde. Rückblickend aus meinem Rundbrief im November 1974:

> „Neben meinen vielen Messen an den Wochenenden – es waren schon einmal bis zu neun an einem Sonntag! – blieb alle übrige Arbeit (Tauf- und Ehevorbereitungen, Kinderkatechese) ausschließlich Sache der bestehenden Gruppen von Ehepaaren und Jugendlichen. Auch ohne Priester fahren sie allsonntäglich auf verschiedene Außenstationen und Kapellen, um Wortgottesdienste mit den Menschen zu feiern und ihnen die Kommunion zu bringen. Da fährt Jesus schon mal mit auf dem Motorrad, in Form von geweihten Hostien in einer gut verschließbaren Keksdose. Das geweihte

> Brot in Form von Hostien wird aus der Pfarrkirche auf alle Außenstationen gebracht“.

Damals war es noch so.

> „Ich bin sehr glücklich, dass die Jugendlichen so vieles übernehmen und sich missionarisch einbringen, in den Sonntagsgottesdiensten, bei den Bibelrunden und in den täglichen Radioprogrammen im lokalen Sender der Stadt.“

Die Verkündigung der frohen Botschaft vom Reich Gottes unter den Menschen macht allen Beteiligten große Freude und gibt ihrem eigenen Leben Sinn. Niemand verdient etwas dabei, auch nicht wir Priester. Alles geschieht aus Freude an der Sache. Ich habe in den Jahren der Gemeindearbeit nie ein Gehalt bekommen, ebenso wenig wie Germano Lauck, weder von der Diözese noch vom Orden, und schon gar nicht vom Staat. Es gibt wohl Pfarrfeste und Kollekten für den Gesamtunterhalt der Pfarrgemeinde und des Pfarrhauses und außerdem immer ein wenig Reis und Bohnen bei den Familien im Landesinnern.

Der Name der Stadt *Foz do Iguaçú* ist eine Kombination aus dem indianischen *Iguaçú* – „Großes Wasser“ und dem portugiesischen *foz* – „Mündung“, also „Mündung des großen Wassers“. Hier mündet der *Iguaçú*-Strom etwa 20 Kilometer unterhalb der großen Wasserfälle in den *Paraná*-Strom und bildet die Grenze zu Argentinien (Provinz *Misiones*). Westlich von *Foz do Iguaçú* liegt *Paraguay* und wird durch den *Paraná*-Strom von Brasilien getrennt. An diesem Fluss entlang bis weit nach Norden zur Grenze mit Bolivien und nach Süden hinein nach Argentinien gibt es unzählige sogenannte „*Indígena*-Reduktionen“, die von den Jesuiten-Missionaren im 17./18. Jahrhundert zum Schutz der Urbevölkerung gebaut worden waren. Auch in Südbrasilien und im *Gran Chaco* im nördlichen *Paraguay* gibt es viele dieser Zeugnisse eines bestimmten Missionsverständnisses der damaligen Zeit. Die meisten Reduktionen sind heute verkommene Ruinen, mit knorrigen Bäumen überwachsen. Teilweise werden sie wieder aufgebaut und aufwendig renoviert. Für die Kolonialmächte Spanien und Portugal in ihrem Kampf um Macht, Einfluss und Aufteilung der Gebiete waren die überall neu entstandenen und gut organisierten *Indígena*-Ansiedlungen, auch als „Jesuitenstaat" bekannt, ein Dorn im Auge und mussten also zerschlagen werden. Auch brauchte man die *Indígenas* als billige Arbeitskräfte. Allein in Südbrasilien, an der argentinischen Grenze, gab es um *São Miguel* herum die berühmten sieben Völker der *Guaraní.* Sie alle, tausende *Guaraní-Indígenas* unter ihrem Anführer *Sepé*, wurden ermordet und vertrieben. Heute steht der *São Sepé Tiarayú* in der Liste der Heiligen Brasiliens (nicht des Vatikans) und bei Nennung seines Namens beten oder singen die Gläubigen inständig: „Bitte für uns, bitte für uns". Mitten in diesem zerschlagenen „Jesuitenstaat" also, in diesem geschichtsträchtigen und mit *Indígena*-Blut befleckten Herzen Südamerikas, liegt *Foz do Iguaçú* mit seinen wunderschönen Wasserfällen.

Für unsere Gemeindearbeit in Stadt und Hinterland schickt uns die brasilianische Bischofskonferenz (CNBB) hin und wieder pastorale Orientierungshilfen, die uns im fernen südlichen *Foz do Iguaçú* begeistern. Sie sind neu und machen hellhörig. Langsam sickert durch, was gerade erst in der großen lateinamerikanischen Bischofsgeneralversammlung im kolumbianischen *Medellín* vier Jahre zuvor (1968) beschlossen worden war. Wir werden angehalten, bestimmte „Riten" nicht mehr durchzuführen und andere in den Vordergrund zu stellen. Es wird viel diskutiert, was mit dieser neuen „Option für die Armen" genau gemeint ist, ob sie „exklusiv" ist oder nicht. Vor allem einige ältere Mitbrüder tun sich mit dem Begriff schwer und sind dafür, dass sie „nicht exklusiv" sein dürfe, sondern man müsse sich weiterhin um alle Menschen kümmern, auch um die Reichen. Es gehe lediglich darum, das Thema der Armen und der Armut „neu" zu überdenken: nichts grundlegend und revolutionär Neues also.

Wir merkten schon, wie sich die Kirche, die mit der „Option für die Reichen" immer gut gelebt hatte und zurecht gekommen war, die möglichst auch selbst reich und mächtig sein wollte, -

wie sie sich nun schwer damit tat, plötzlich eine 180-Grad-Kehrtwende hinzubekommen. Das, was die Bischöfe in *Medellín* beschlossen hatten, war revolutionär: nicht nur in den Augen der Militärdiktaturen in mehreren Ländern Lateinamerikas, sondern auch in den Augen vieler kirchlicher Mitarbeiter und Priester. Von den Militärs wurde schnell alles, was mit Organisieren und Aufwerten der Armen und des Volkes zu tun hat, in die Ecke des Marxismus und Kommunismus geschoben. Uns bleibt die nicht einfache Aufgabe zu erklären, dass es nicht Kommunismus, sondern genau die Frohe Botschaft Jesu ist, die uns „drängt".

Von den Bischöfen wurden wir angehalten, immer zu schauen, ob etwas noch „Sinn" machte in unseren Traditionen und Gewohnheiten, in Clubs und Vereinen. Konkret ging es bei uns beispielsweise einmal um das Einsegnen einer neuen Bankfiliale in *Foz do Iguaçú*. Es war immer so ein schöner Brauch gewesen, den Priester hinzuzuziehen, der dann mit Weihwasser anrückte und die entsprechenden Gebete und ein paar fromme Worte parat hatte. Das Programm war immer perfekt und niemand brauchte sich um etwas zu kümmern. In solchen Fällen war das auch den Veranstaltern meist eine gute Spende wert. Es wäscht ja schließlich eine Hand die andere. Jetzt aber plötzlich diesen „Herren in Krawatte" klarzumachen, dass den Armen durch die Eröffnung der Bank nicht geholfen wurde, sondern dass sie eher umgekehrt immer mehr abgeschoben und ausgeschlossen wurden, ist in so einem Moment eine heikle Angelegenheit. So etwas überlasse ich dann in den meisten Fällen meinem Pastor Germano, der hat ein besseres Händchen, es zu erklären. Das alles jedenfalls – so wie es immer war – ist vorbei. Ein anderer Fall: Nur 50 Meter gegenüber von unserem Pfarrhaus zum Hl. Johannes dem Täufer in der Stadtmitte sollte eine neue Polizeistation eingeweiht werden. Ein Uniformierter sucht uns auf, doch wir – mein Pfarrer und ich – waren uns schon im Vorhinein einig, dass wir das nicht machen. Wir hatten den Bau mitverfolgt, den einige Meter tief in die Erde gebauten Kerker gesehen und kannten die Verhör-Methoden während der Diktatur. Das Volk munkelte viel über diesen Bau. Wie hätten wir uns da mit ins „Spiel“ bringen können und dürfen?

Foz do Iguaçú im Dreiländereck Brasilien – Argentinien – Paraguay war eine Garnisonsstadt. In einer Kaserne mitten im Zentrum waren einige hundert Soldaten stationiert. Sie bestimmten das Bild der Stadt. Das heißt nicht, dass sich die Menschen dadurch sicherer und beschützter fühlten. Im Gegenteil, immer wieder gab es Verschleppungen aus den Familien. Männer verschwanden, wurden nachts aus den Häusern geholt. Zurückgebliebene Mütter und Kinder weinten und sorgten sich um ihre Väter. Was genau passierte, wusste keiner oder niemand wollte darüber sprechen. Man erzählte auch viel, dass General Alfredo Stroessner, Diktator in Paraguay, seine Hand im Spiel habe. Ebenso Juan Perón in Argentinien. Deren inner- und außerparteiliche Gegner, die sich vielfach im brasilianischen *Foz do Iguaçú* versteckt hielten, wurden ermordet oder verschleppt. Das war an der Tagesordnung. Wir wohnten wie eingeklemmt mitten zwischen drei diktatorisch geführten Staaten. 1974 starb ganz plötzlich und unerwartet der alte Perón in Argentinien. Der Oberst der Militärs in *Foz do Iguaçú* kam ins Pfarrhaus, um eine heilige Messe für Perón lesen zu lassen, besser: in „Auftrag“ zu geben. Er würde das ganze Bataillon mitbringen, bekräftigte er immer wieder. Das feierliche Requiem solle am Samstag um 17 Uhr sein, so sein Kommando. Eigens für General Perón! Leider jedoch war mein Mitbruder Germano verreist. Ich hatte am Samstagnachmittag auf einer Außenstation Dienst und abends um 18.30 Uhr, wie jeden Samstag, findet in der Pfarrkirche die Messe der Eheleute statt. So sage ich es dem Mann in Uniform und lade ihn ein, in der Messe um 18.30 Uhr dabei zu sein. Ich könne und möchte die Messe für die Menschen im Landesinnern nicht absagen und die Ehepaare würden die Hl. Messe in der Pfarrkirche sehr schön gestalten und sicher auch für Perón beten und Fürbitten halten. Wütend verlässt der oberste Kommandant schließlich das Pfarrhaus und in den Zeitungen konnten anderntags alle lesen, was da passiert war und was aus der Kirche

„geworden" sei. Jedenfalls fand keine Exklusiv-Messe für Perón mit dem ganzen Bataillon in unserer Pfarrkirche zum Hl. Johannes dem Täufer statt. Auch ohne ein solches Theater beten die Gläubigen in der Hl. Messe mit den Eheleuten in den Fürbitten für General Juan Domingo Perón, in Abwesenheit des Militärs und seines Kommandanten.

Im Jahr 1972, direkt in den ersten Wochen in *Foz do Iguaçú*, höre ich vieles über eine gewisse Bischofsweihe am *Araguaia*-Fluss, irgendwo im Amazonasgebiet. Das alles war aufregend, denn es erschienen diffamierende Berichte über den neuen Bischof in den Zeitungen. Es ging um das Unverständnis darüber, dass dieser Mensch so hoch in die Hierarchie der katholischen Kirche aufsteigen konnte. Nicht nur staatliche Stellen, sondern vor allem auch ein bekannter Erzbischof der katholischen Kirche selbst, Dom Geraldo de Proença Sigaud SVD (ein Bischof aus meinem Steyler Missionsorden) veröffentlichte seitenweise Berichte, um nachzuweisen, dass dieser neue Bischof ein Kommunist sei und sich in das Priestertum und jetzt auch noch in das Bischofsamt „hineingeschlichen" habe. Der neue Bischof hieß Pedro Casaldáliga. Pedro – zum Bischof ernannt durch den Konzilspapst Paul VI. und ganz und gar durch Konzilsbeschlüsse und durch den Katakombenpakt geprägt – sollte zu einem der bedeutendsten Kämpfer für Menschenrechte in Brasilien und Lateinamerika werden. Er wird für mich seit dieser Zeit in *Foz do Iguaçú* zum Inbegriff eines Bischofs und ich konnte nicht ahnen, dass mich in späteren Jahren eine enge Freundschaft und Zusammenarbeit (in Filmproduktionen) mit ihm verbinden würde. Bischof wird man nicht, um „Rom-hörig" zu werden. Das Bischofsamt sollte nur jemand anstreben (wenn überhaupt), um „Volk-hörig" zu werden, um sich offen und ehrlich in die Weltkirche einzubringen und sich in Gefahren vor das eigene Volk zu stellen. Ein neu ernannter Bischof sollte auch Bedingungen stellen und gegebenenfalls das Amt nicht annehmen. Das schaffen wohl nur die Wenigsten. Die Scheinheiligkeit in solchen Lebensmomenten ist unerträglich: „Ich wollte es ja gar nicht, aber Gott hat mich berufen, der Heilige

Geist..." Und die Menschen, die so einen Gottberufenen zu ertragen haben? Ein Bischof muss souverän sein, er darf und muss auch den Vatikan und seine Strukturen in Frage stellen und dafür sein Amt und sein Leben riskieren. Wer sonst, wenn nicht er, weil er es auf „Augenhöhe" kann und tun muss. Pedro Casaldáliga ist so ein Bischof, auf Augenhöhe mit dem Bischof von Rom.

Ein besonderes Erscheinungsbild im Alltag des kirchlichen Lebens in *Foz do Iguaçú* war die für uns bis dahin unbekannte Vereinigung „TFP". Die Buchstaben stehen für „*Tradição, Família, Propriedade*" – „Tradition, Familie, Eigentum". Da erschienen sonntags immer in den Hauptmessen der Jugendlichen oder Ehepaare gut gekleidete Männer mit feinen Anzügen und Krawatte. Sie empfingen die Kommunion grundsätzlich kniend und auf die Zunge. Sie waren militärisch aufgestellt und trugen – auch auf den Straßen – ein großes Kreuz und Banner mit dem „TFP" in Großbuchstaben darauf mit sich. Das wollen sie also im Namen der Kirche verteidigen und verkündigen. Sie gaben sich erzkonservativ und verweigerten jeglichen Dialog über kirchliche Erneuerung im Sinne des Zweiten Vatikanischen Konzils oder der Richtlinien von *Medellín*. Das alles wollten sie wieder rückgängig machen. Befürwortet und unterstützt wurde diese Bewegung von Bischöfen wie Dom Geraldo de Proença Sigaud und Co. Sie bekämpften Agrarreformen und „sozialistische und kommunistische Ideen" und setzten sich für die Rechte der Großgrundbesitzer und deren Eigentum ein, von denen sie natürlich finanziell gefördert wurden. Ein *Indígena* soll damals zu einem dieser Männer mit Banner und Standarte gegangen sein und ihn gefragt haben: „Setzt Du dich auch für meine Tradition ein, meine Familie und mein Eigentum?" Es brodelte mächtig, kirchenpolitisch, gesellschaftlich.

In der Jugendarbeit stand das „wandernde Volk-Gottes-Verständnis" des Zweiten Vatikanischen Konzils immer oben an. Dass die Kirche also nicht wie eine Pyramide zu verstehen ist mit einem Oberhäuptling an der Spitze, der allein das Sagen hat, sondern wie ein runder Kreis, wie eine Gemeinschaft, die gemeinsam auf der Suche nach der Wahrheit und nach Gott ist, im Dialog. Jeder ist wichtig und muss sich entsprechend seinen Talenten einbringen. Nachdem dieses Kirchenbild, das uns vom Konzil eingeprägt worden war, in den nächsten Jahrzehnten unter den Päpsten Johannes Paul II. und Benedikt XVI. nicht mehr gelten sollte, freue ich mich um so mehr, dass es heute ein Papst – sein Name Franziskus! – ist, der betont: „Entweder gibt es eine pyramidenförmige Kirche, in der man macht, was Petrus sagt. Oder es gibt eine synodale Kirche, in der Petrus Petrus ist und die Kirche begleitet, sie wachsen lässt und auf sie hört."

1975 bat mich der Provinzobere der brasilianischen Südprovinz in die Hauptstadt nach *Curitiba* umzuziehen, um bei den Philosophiestudenten des Ordens als Betreuer zu wohnen. Seit wenigen Jahren gab es ein neues „Experiment" derjenigen Abiturienten unseres Seminars in *Ponta Grossa*, die weiterhin den Wunsch hegten, Priester und Missionar innerhalb des Ordens der Steyler Missionare zu werden. Sie hatten sich vorübergehend vom Orden getrennt, weil dieser, angstbesessen, nicht bereit war, ihnen eine Auszeit und ein freies Studium an der Universität in *Curitiba* zu ermöglichen. Für mich hatte das Ganze nun etwas Faszinierendes, kannte ich doch die guten Absichten der jungen Männer, für eine gewisse Zeit ein wenig „frische Luft" zu schnappen und etwas Abstand von den bereits allzu engen Regeln des Ordens zu gewinnen, in dem sie teilweise seit ihrem zehnten Lebensjahr gelebt hatten. Ich hatte sie in *Curitiba* oft besucht und bei ihnen gewohnt, nicht immer zum Wohlgefallen der damaligen Provinzoberen. Die Studenten wohnten in einem Apartment mitten in der Stadt und mussten selbst für ihr Überleben sorgen, also arbeiten, Geld verdienen, um die Miete, Studium und Unterhalt selbst zu bestreiten. So wie jeder Student in Brasilien, der nicht zufällig ein „Vatersöhnchen" war und sich finanziell keine Sorgen machen brauchte. Auch mein Pfarrer in *Foz do Iguaçú*, Pater Germano, sah das alles sehr positiv, obwohl die offizielle Leitung der Provinz kurz davor war, diese rebellischen Jugendlichen ein für alle mal aus dem Orden zu verbannen. Germano war in diesen Jahren Mitglied des Provinzial-Rates und konnte Schlimmeres verhindern. Als solcher hatte er mit dafür gesorgt, dass die Stimmung in der Provinz zugunsten der „Rebellen" und ihrer Unterstützer umgeschlagen war.

Eines Tages kam er von einer Provinzial-Ratssitzung aus *Curitiba* zurück und bereitete mich darauf vor, zu den Studenten zu ziehen. Er erzählte, die Ordensprovinz selbst, jetzt mit einem neuen Provinzial an der Spitze, würde sogar ein kleines Wohnhaus mitten in der Stadt zur Verfügung stellen. Alles andere solle bleiben, wie es war und wie es sich bereits entwickelt hatte: jeder der Studenten muss sich selbst eine Arbeit suchen und Geld für seinen Lebensunterhalt verdienen. Egal ob an einer Bank, im Buchladen um die Ecke oder als Lehrer an einer Schule. Egal, ob bei den Stadtwerken oder im kirchlichen Dienst. Egal, wie viel Geld zu verdienen ist. Egal, ob in Tag- oder Nachtschicht. Es geht um die Sache. Es geht um die Arbeit und darum, dass jeder Student sein verdientes Geld in die Gemeinschaftskasse gibt, von der alle leben. Einer von ihnen ist der Verwalter. Ich schreibe am ersten Adventssonntag 1975 in meinem Rundbrief nach Deutschland:

> „Aus der Gemeinschaftskasse bekommt jeder umgerechnet etwa 30,- DM als privates Taschengeld. Für die Ausgaben unseres Hauses, Küche usw. erhalten wir keinen Pfennig vom Orden. Wir schaffen das mit unseren eigenen Mitteln und müssen eben alle danach leben ... Ein Nachteil sind die Unregelmäßigkeiten im Tagesablauf eines jeden, so dass wir uns kaum zur gleichen Zeit zusammenfinden. Das religiöse Leben, so scheint mir, hat dadurch jedoch keinen Schaden genommen. Es kann eher noch wachsen durch die Mitarbeit der Studenten in den Gemeinden. Dort entdecken wir bereits jetzt, zehn Jahre nach dem Zweiten Vatikanischen Konzil und sieben Jahre nach der großen richtungweisenden Versammlung der Bischöfe ganz Lateinamerikas in *Medellín* (Kolumbien), eine Vielfalt von Ministerien, das sind kirchliche Dienste. Sie geben der Kirche neues Blut und neues Leben"...

Dieser Lebensstil ist gleichzeitig ein klares Kriterium für Berufung oder Nicht-Berufung zum Priestertum und Missionar-Sein. Die

Kandidaten aus den vier Provinzen der Steyler Missionare in Brasilien gingen zum anschließenden Noviziat und Theologiestudium in die Zentralprovinz nach *São Paulo*. Dort war es bereits seit Jahren üblich, in kleinen Wohngemeinschaften mit je wenigen Studenten an den Peripherien der Großstadt zu leben und sich in den Gemeindedienst unter der Leitung eines Pfarrers einzubringen. Diese Gruppen lebten also mitten unter den Menschen, in den Elendsvierteln. Hier wurden sie ausgebildet, mehr durch das Leben und die Nähe zu den Menschen mit ihren Alltagsproblemen und -kämpfen, als von Professoren. Letztere erlebten sie natürlich auch in der theologischen Fakultät im ITESP (*Instituto teológico de São Paulo* - ein theologisches Institut, das von verschiedenen Ordensgemeinschaften getragen wird). Auch diese Professoren selbst lebten in solchen Gemeinschaften. Und sie verstanden ihre Theologie und die neue Evangelisierung „aus der Perspektive der Unterdrückten", die sich nach Befreiung aus der Sklaverei sehnen.

Einige unserer Neupriester machten nach Abschluss ihres Studiums für ihre Priesterweihe zur Bedingung, dass sie keine Gemeinden mit den üblichen festen Strukturen übernehmen müssen. Sie suchten missionarische Aufgaben und Betätigungsfelder: die Landlosen-Pastoral, die Arbeit mit der Schwarzen-Bewegung, mit den Obdachlosen zum Beispiel in der Millionenmetropole *São Paulo*.

So lebte Pater Arlindo Pereira Dias SVD die ersten 15 Jahre nach seiner Priesterweihe im Zentrum von *São Paulo* zusammen mit Obdachlosen und war einer von ihnen. Alle kannten und liebten ihn. Er löffelte mit ihnen die gleiche Suppe aus einer Blechdose, sammelte Papier mit ihnen. Er organisierte Zusammenkünfte, orientierte die Straßenbewohner und kämpfte mit ihnen um ihre Rechte und Menschenwürde. Bewundernswert.

Heute arbeitet Pater Arlindo als Mitglied der General-Leitung in Rom, um zusammen mit anderen dem Generalsuperior beratend zur Seite zu stehen. Seit 2012 fühlt er sich durch den in diesem Jahr neu gewählten Generaloberen Pater Heinz Kulüke bestärkt, der selbst auch von den Müllhalden Manilas kam, um jetzt von Rom aus die Geschicke des Ordens der Steyler Missionare zu lenken. Er wurde ein Jahr vor der Wahl Papst Franziskus zum Bischof von Rom ernannt. Und auch Franziskus, der „Condor aus Südamerika", wie ihn Paulo Suess nennt, verkündet immer wieder für die Priester und Ordensleute die Botschaft: Kümmert euch um die Armen, sie werden in unserem todbringenden kapitalistischen System wie Abfall, wie Müll behandelt. Die Kirche muss selbst arm sein und an die Ränder der Gesellschaft gehen. Priester und Ordensleute sollen sich nicht in Klöstern verkriechen. Ein Priester wie ein Beamter, ein Funktionär, das sei das Schlimmste, was der Kirche heute passieren könne. Wichtig sei die Nähe zum Menschen, um seine Bedürfnisse erkennen zu können. Das sei mehr als nur „Wohltätigkeit".

Diese Beschreibung der ersten zehn Jahren meiner missionarischen Tätigkeit in Brasilien möge zeigen, „wie es war, am Anfang" für mich selbst. Sie sollen aber auch die extremen Gegensätze zu einer kolonialen Kirchengeschichte erkennen lassen, die sich nun dem Ende zuzuneigen begann, von der viele aber noch glaubten, sie müsse weiter gehen „jetzt und alle Zeit, wohl bis in alle Ewigkeit": der Missionar als Handlanger und Verkünder einer europäisch-römischen Doktrin bis in alle Kulturen dieser Welt hinein. Das Konzil und *Medellín* dachten anders und machten Mut zu Umkehr – teils um 180 Grad! – und zur Erneuerung in der Evangelisierung. Was ich erleben durfte, war eine allgemeine Aufbruchstimmung in Brasilien.

Filmteam Verbo Filmes 1994 bei Dreharbeiten zum Film Anel de Tucum, Brasilianischer Bundesstaat Ceara, Itapipoca.

Filme machen im Auftrag der CNBB[1]

Weil ich in diesen ersten Jahren in Brasilien auch mein Hobby, das Filme-Machen in Super 8mm, als missionarische Aufgabe ansah, waren nach und nach die ersten fünf Kurzfilmchen mit katechetisch-biblischen Inhalten entstanden. Kopien dieser Filme zirkulierten in vielen Gemeinden, besonders in Südbrasilien. Das war wohl auch einigen Leuten in der Bischofskonferenz in *Rio de Janeiro* zu Ohren gekommen, denn nach zwei Jahren bei den Philosophiestudenten in *Curitiba* kommt 1977 ein großer Überraschungsbrief vom damaligen Generalsekretär der brasilianischen Bischofskonferenz, Dom Ivo Lorscheiter. Er will um meine Bereitschaft wissen, in den Mediensektor der CNBB mit einzusteigen. Deshalb lädt er mich zu einer Versammlung in *Rio de Janeiro* ein, um über meine Filmarbeit zu berichten. Die Bischofskonferenz ist gerade daran, von *Rio de Janeiro*, wo sie seit ihrer Gründung 1952 ihren Hauptsitz hatte, in die neue Hauptstadt *Brasilia* umzuziehen. Zufällig zu der Zeit hält sich auch der damalige Generalsuperior der Steyler Missionare aus Rom, Pater John Musinsky, in *Curitiba* auf und ist bei uns zu Besuch. Er liest die Einladung Lorscheiters und macht mir Mut, diese Aufgabe zu übernehmen. Der Orden würde mich dafür freistellen. Um mein zukünftiges „Handwerk" besser zu beherrschen, nehme ich zwei Mal mit Unterbrechung je ein halbes Jahr als Ton- und Kameraassistent bei Produktionen der Firma Tellux in München und Pro-Vobis in Hamburg teil.

Dann zog ich nach *Brasilia* um, wohnte zunächst in einer ordenseigenen Pfarrei und arbeitete tagsüber bei der Bischofskonferenz im Medien-Sekretariat. Dom Ivo Lorscheiter stellte mir eine Bedingung für die zukünftige Arbeit, nämlich keinerlei visuelle Medien (Dia-Serien oder Filme) aus Europa für die Glaubensorientie-

1 *Conferência Nacional dos Bispos do Brasil (CNBB)* - Brasilianische Bischofskonferenz mit damals knapp 400 Bischöfen.

rung und Katechese nach Brasilien zu importieren. „Was wir dringend brauchen, sind unsere eigenen Bilder und die Glaubensbotschaft der kleinen Leute und der Armen. Wir müssen unsere eigene Wirklichkeit reflektieren", so riet er mir damals. In diese Richtung sollte also meine Arbeit gehen, und es war genau das, was mich anzog. Meine Arbeit sollte immer mehr zum Sprachrohr für all jene, die „keine Stimme" haben, werden.

Lorscheiter wurde in dem Jahr zum neuen Vorsitzenden der Bischofskonferenz mit fast 400 Mitgliedern gewählt und war der Nachfolger seines Cousins, des Kardinals Dom Aloísio Lorscheider. Zum neuen Generalsekretär, mit dem ich es fortan zu tun haben sollte, wurde der Jesuit und Weihbischof von *São Paulo*, Dom Luciano Mendes de Almeida, gewählt. Ein kluger Kopf mit einem ganz weiten Herzen und besonderer Zuneigung für die Menschen, die von der Gesellschaft abgehängt werden. 1979 ist das Jahr der Generalversammlung der lateinamerikanischen Bischöfe im mexikanischen *Puebla*, auf der die Weichenstellung hin zu den Armen und an den Rand Gedrängten gefestigt wird. Die in *Medellín* beschlossene „Option für die Armen" wurde bestätigt und darüber hinaus erklärt, dass die Armen ein großes Evangelisierungspotential haben, sogar für die Herren Bischöfe. Mit anderen Worten: die Armen evangelisieren uns mehr als wir sie.

Ein Jahr später, im Juli 1980, kam es zu einem Großereignis in Brasilien. Papst Johannes Paul II. besuchte vierzehn brasilianische Städte, von *Rio Grande do Sul* bis zum Amazonas. Zusammen mit Pater Nereu, einem Kollegen, der im Mediensektor der CNBB für die Radioarbeit zuständig war, stiegen wir am Morgen des 30. Juni um 4 Uhr früh in Rom in die Alitalia-Maschine DC 10, mit der Flugnummer 6568, in der sich auch Papst Johannes Paul II. befand, wie ich in einem meiner Rundbriefe nach Deutschland festhielt. Ich war nach Rom geflogen, um von Anfang an dazu zu gehören. Im Flug konnten wir ein Interview mit dem polnischen Papst machen. Darin begrüßte er vor allem die Jugend Brasiliens. Dann folgten nach der Landung in *Brasilia* 14 Tage wie ein einziges Fest. Bunt, laut, Tanz, Gesang, Samba. Das Volk sang in allen Städten das für den Papst eigens komponierte Lied: *„A bênção, João de Deus, nosso povo te abraça. Tu vens em missão de paz, sê bem-vindo e abençõe esse povo que te ama“* - „Deinen Segen, Johannes von Gott, unser Volk umarmt dich. Du kommst in Friedensmission, sei willkommen und segne dieses Volk, das dich liebt“. Und Johannes Paul II. genoss es in vollen Zügen und hielt immer wieder seine offene Hand hinter sein Ohr, um besser verstehen zu können, was gesungen wurde, und um damit anzudeuten: etwas lauter bitte! Und zwischendurch natürlich die Worte des Papstes, in gutem Portugiesisch, vom Blatt abgelesen. Der noch relativ junge Papst – er war gerade 60 geworden – hatte schauspielerische Talente, das kam an. Das Volk war begeistert. Wir auch. Auf etwa 30-50 Meter Abstand fuhren wir auf offenen LKWs immer voraus, Kameras und Mikrofone rückwärts auf ihn und auf das Volk an den Straßenrändern gerichtet, von den Flughäfen in die Stadien oder zu den Großveranstaltungen auf offenen Plätzen. Johannes Paul II. wusste, wo den Brasilianern der Schuh drückte und zeigte sehr viel Mut, die Dinge beim Namen zu nennen. Brasilien befand sich noch mitten in der Diktatur unter dem General João Figueiredo.

Der Papst hatte seine Texte zuvor der brasilianischen Bischofskonferenz vorgelegt, um eventuelle Korrekturvorschläge zu erhalten, wie wir zu hören bekamen. Aber es stimmte alles mit den sozialen und politischen Fragen, die Brasilien zu bewältigen hat, überein. Die sehr guten Botschaften gingen bei all dem Jubel und der Freude der Menschen ein wenig unter. In den Stadien Riesentransparente, darauf in Großbuchstaben geschrieben: „Gestern Petrus, heute Johannes Paul II., immer Christus“, oder „Johannes Paul II., Arbeiter Christi“ (bei den Metallarbeitern im Großraum *São Paulo*), „Johannes Paul II., diese Erde braucht deinen Kuss“ (weil er treu den Boden küsste, überall, wo er aus dem Flugzeug stieg). Wenn ich selbst heute wieder den Film „A bênção, João de Deus“ anschaue, den wir damals über den Papstbesuch machten, bin ich über unseren Enthusiasmus und die Begeisterung selbst erstaunt, die uns ergriffen hatte. Aber dieser „João de Deus“ war gerade erst mit 58 Jahren zum Papst gewählt worden, der erste Nicht-Italiener nach Jahrhunderten. Noch ließen wir uns blenden von diesem Papst, der seine Talente als Schauspieler voll ausnutzte, um die katholische Kirche in der ganzen Welt wieder ein wenig weiter weg von den Weichenstellungen des großen Weltkonzils zu führen. Im Abstand von einigen Jahrzehnten und dem Erleben in der sich dann radikal ändernden Kirche Brasiliens mit einem neuen, befreiten Antlitz kann man die vielen Jahre unter Johannes Paul II. und Benedikt XVI. besser einordnen. Doch damals, 1980, waren wir noch voller Hoffnungen auf die Fortführung des „Aggiornamento“ des guten Konzilspapstes Johannes XXIII.

Die Militärregierung Brasiliens tat alles, um aus dem Papstbesuch ein einziges großes Spektakel zu machen, zehn Tage lang, wohl wissend, dass es ein Leichtes war, bei solchen Ereignissen (ähnlich bei Fußballweltmeisterschaften oder Karneval) das Volk zu blenden und die schlimmsten Dinge wie Folter, Verschleppung, Mord geschehen zu lassen. Das Volk in Hochstimmung, das ist ihre Devise.

Als der Papst wieder nach Rom zurückgekehrt war, gab es bei der CNBB in *Brasilia* ein erstes rückblickendes Treffen aller für die verschiedenen Pastorallinien verantwortlichen Bischöfe, um zu sehen, was am Papstbesuch positiv oder weniger positiv gewesen sei. Ich erinnere mich an ein allgemeines Lobeswort von Dom Helder Camara, in dem Sinne, dass der Papst seine Texte vorher mit der Möglichkeit, sie zu korrigieren, an die Bischöfe gegeben habe. Es sei nun ein dickes Buch mit der Veröffentlichung aller Texte vorgesehen, meldete er, weil der Papst seine Reisen als „Pastoralreisen“ verstehe; er wolle nicht als Tourist durch die Welt fliegen, sondern das Evangelium verkünden, gelegen oder ungelegen. So ähnlich Dom Helder Camara. Eine einzige Anmerkung jedoch habe er noch, so endete er rückblickend, nämlich dass er sich persönlich gewünscht hätte, der Heilige Vater wäre noch mehr ein Hörender, ein Hinhörender gewesen. Den Nöten und den Stimmen aus dem

Volk seien nicht genügend Möglichkeiten gegeben worden, sich Gehör zu verschaffen.

Ganz wenige Menschen jedoch konnten ein paar zeitlich sehr begrenzte Begrüßungsworte an den Papst richten, unter ihnen der bekannte und verfolgte Indio Marçal Tupã-Y. Kurz nach seinem öffentlichen Auftritt vor dem Papst wurde er ermordet. Marçal Tupã-Y hatte unter anderem dem Papst gesagt: „Sie dringen in unsere Länder ein, sie nehmen uns unsere Länder einfach weg und besetzen sie... Sie behaupten zu alledem auch noch, sie hätten Brasilien entdeckt. Nein, sie haben Brasilien nicht entdeckt, sie haben sich nur breit gemacht, sind eingedrungen und haben den Ureinwohnern ihr Land entrissen. Das ist die wahre Geschichte, heiliger Vater!“ Marçal Tupã-Y bezahlte seine mutigen Worte mit dem Leben.

In den ersten Jahren meiner Teilnahme an den monatlichen Sitzungen der Bischöfe in *Brasilia* und an den jährlichen Generalversammlungen in der Osterwoche in *Itaicí*, unweit von *São Paulo*, bekam ich den offensichtlichen Kampf der Bischöfe an „zwei Fronten“ hautnah mit. Es war einmal die Auseinandersetzung mit der Militärregierung. Wie etwa sollte man umgehen mit dem Bekanntwerden der von den Militärs versteckten „Wanzen“ in der Versammlungsaula in *Itaicí*. Das führte natürlich zu Verunsicherungen und berechtigten Ängsten Einzelner. Und Ähnliches geschah in den Beziehungen der CNBB zum Vatikan. Da waren die vom Vatikan versteckten heimlichen „Wanzen“ eher der Eine oder Andere aus den eigenen Reihen, vielleicht sogar bestimmte Kardinäle, die offensichtlich mehr Zeit als Denunzianten in Rom verbrachten als in der eigenen Diözese.

Aber immer wieder – bei Stellungnahmen gegenüber Regierungen und gegenüber dem Vatikan – war zu beobachten, wie die absolute Mehrheit der Bischöfe zueinander stand, die wie ein gemeinsames Bollwerk vorging, und sich gegenseitig Mut machte, auch mal aus Verantwortung zu den Menschen „quer zu denken“. Bei heiklen Abstimmungen nach oft langen Debatten fragten die brasilianischen Bischöfe nicht, wie Rom darüber denken mochte.

Es wurde abgestimmt, demokratisch, und jede Stimme zählte: wer ist dafür und wer dagegen, wie müssen wir uns als Hirten unseres Volkes und in Mitverantwortung für das Volk verhalten? Die Vorsitzenden und Sekretäre hielten dann ihre Köpfe hin. Von den knapp 400 Bischöfen möchte ich rückblickend sagen, waren zu Beginn der 1980er Jahre etwa um die zwanzig Bischöfe eher reaktionär und grundsätzlich „dagegen", der Rest sowohl in innerkirchlichen als auch in politischen Fragen und in den Beziehungen zur Militärregierung „dafür". Der auch von Bischöfen oft geäußerte Satz „zum Glück ist Rom weit weg" war immer ehrlich und in dem Sinne gemeint, dass Rom der Bischofskonferenz nicht die Eigenverantwortung nehmen konnte.

Bischof Clemente, ein Benediktinermönch aus *Rio de Janeiro*, war von Papst Johannes XXIII. selbst zum Bischof ernannt worden und hatte an allen vier Sitzungsperioden des Zweiten Vatikanischen Konzils teilgenommen. Er war maßgeblich an der Liturgiereform beteiligt, unterschrieb gegen Ende des Konzils mit knapp 500 weiteren Bischöfen den sogenannten Katakombenpakt für eine arme und dienende Kirche. Nach dem Konzil war er 23 Jahre lang verantwortlicher Bischof für die Liturgiereform in Brasilien und abwechselnd stellvertretender Vorsitzender der CNBB und des CELAM (Bischofskonferenz Lateinamerikas). Er erzählt unter anderem ein typisches Beispiel der eigenen Entscheidungen der CNBB, auch gegen die Wünsche Roms:

> „In der Tat hat dann die Liturgie hier in Brasilien zu einer neuen Vision von Kirche und zu mehr Dynamik beigetragen. Sie bereicherte alles kirchliche Leben. Und genau das, so glaube ich, war der Wunsch von Johannes XXIII. und Paul VI. Es war unser aller Wunsch. Wir von der brasilianischen Bischofskonferenz ergriffen unsere eigenen Initiativen. Wir gaben unsere eigenen ‚Leitlinien für die Liturgie mit Volksgruppen' heraus. In diesen Leitlinien steht nichts Falsches. Nichts, was außergewöhnlich fortschrittlich wäre. Doch als es veröffentlicht wurde, hatte es in Rom, im zuständigen Sekretariat für den Göttlichen Kult, einen Personenwechsel gegeben. Der bis dahin zuständige Pater Boini war aus-

getauscht worden und dessen Nachfolger verbot unser Dokument mit der Aufforderung, es aus dem Vertrieb zu nehmen. Doch wir hatten bereits verschiedene Editionen herausgegeben und kreuz und quer durch ganz Brasilien verteilen lassen. Später schien es so, als täte es der römischen Kongregation für den heiligen Kult leid, uns so behandelt zu haben. Man bat uns, das Dokument nochmals – jedoch mit geringen Veränderungen – einzureichen. Doch für uns wäre der Inhalt dann so fade und schal geworden, so ohne jeglichen Geschmack, dass wir es in der Bischofskonferenz für besser hielten, nicht mehr daran zu rühren. Wir teilten denen in Rom unsere Entscheidung mit. Und dabei blieb es."

Ein kleines, aber nicht unbedeutendes Beispiel soll diese damalige Eigenständigkeit der brasilianischen Bischofskonferenz erläutern: den herkömmlichen liturgischen Gruß des Priesters auf Latein „Dominus vobiscum" und die Antwort der Gläubigen „Et cum spiritu tuo" – brav ins Deutsche übersetzt mit „Der Herr sei mit euch"/ „Und mit deinem Geiste" – haben die Brasilianer neu überdacht und umformuliert. Ich kann mich an die Diskussionen über die Liturgieerneuerung des Konzils während unseres Theologiestudiums erinnern, als es konkret um diesen Gruß des Priesters an die Gläubigen und um deren Antwort ging. Wir hatten alle unsere Schwierigkeiten mit „deinem Geiste". Brasiliens Bischöfe unter dem für die Liturgie verantwortlichen Bischof Clemente fühlen sich in der Übersetzung freier und dem Konzilsgedanken des Volkes Gottes stärker verpflichtet und es wurde also festgelegt, dass der Priester die Anwesenden mit den Worten begrüßt: „Der Herr sei mit euch", und das Volk Gottes antwortete: „Ele está no meio de nós" – „Er ist mitten unter uns". Das neue Kirchenbild wurde sichtbar, damit sich das Gemeindeverständnis in der Zukunft wandeln kann. Der „Ball" wurde nicht auf den da „oben" oder da „vorne" zurück gespielt, sondern blieb im Spielfeld der Hauptakteure.

Dieses Selbstverständnis einer nationalen Bischofskonferenz, wie ich es in Brasilien erlebte, wird heute wieder stark vom argentinischen Papst Franziskus betont. Im September 2017 regelte er durch ein „Motu Proprio" „die Art und Weise, wie liturgische

Texte der Kirche übersetzt werden. Dabei stärkt er die Rolle der örtlichen Bischofskonferenz zur Regelung der Liturgie der katholischen Kirche [...] Der Rechtstext des Papstes mit dem Titel ‚Magnum principium' bezieht sich auf die Überzeugung des Zweiten Vatikanischen Konzils, dass das liturgische Gebet verstehbar sein müsse. Das liturgische Beten müsse an das Verstehen der Gläubigen angepasst sein, so der Papst wörtlich. Damit will er das Spannungsfeld zwischen universellem Ritus und Inkulturation vor Ort neu bestimmen, heißt es dazu von Radio Vatikan."

Im Abspann all unserer Filme erschien in den nächsten Jahren immer: „Im Auftrag der CNBB". Es entstanden unzählige Dokumentarfilme, meist Kurzfilme in 16mm und drei Langspielfilme für alternative Kinos im 35mm Kinoformat: „Gottes Volk auf dem Weg" („*Pé e fé na caminhada*") über die Befreiungstheologie, „Der schwarze Ring" (die Bekehrung eines Reichen), und „Ameríndia" (zum 500-Jahr-Gedenken der falschbenannten „Entdeckung" Amerikas). Diese Filme wurden jeweils während der Generalversammlungen der Brasilianischen Bischöfe in einem Kino in *São Paulo* uraufgeführt, und – je nach Interesse und Anmeldung – wurden zwei oder drei Busse gechartert, um die Bischöfe von ihrer Generalversammlung in *Itaici* (100 Kilometer entfernt) an einem Abend ins Kino nach *São Paulo* zu entführen. Der Sinn dieser groß angelegten Aktionen war natürlich, dass durch die Bischöfe die Filme auch bekannter werden und – in Form von damals noch VHS-Video-Kassetten – in den Basisgemeinden ihrer Diözesen zirkulierten. In meinen Rundbriefen nach Deutschland schrieb ich 1987:

> „Der Film *Pé e fé na caminhada* wurde in der Osterwoche in einem Kino in *São Paulo* uraufgeführt. Es waren 80 Bischöfe und viele Journalisten gekommen. Seit Oktober läuft der Film nun in alternativen Kinos ... Die Reaktionen in den Zeitungen sind alle extrem, im negativen wie im positiven Sinn, je nachdem, in welcher Zeitung, und wer dahinter steckt. Das alles sind für uns neue Erfahrungen, und ich selber erlebe wie nie zuvor die Wichtigkeit meines missionarischen Dienstes innerhalb der brasilianischen Kirche."

Im Jubiläumsjahr – 10 Jahre Verbo Filmes! – 1989 wurde unser Studio in *São Paulo* überfallen. Ein bewaffneter Überfall. Zusammen mit drei weiteren Mitarbeitern wurde ich in eine Ecke auf den Boden gezwungen, und wir schauten eine knappe Stunde lang in den Lauf einer Pistole, während in der Zeit von den insgesamt vier Eindringlingen drei weitere viele Filmrollen und technische Einrichtungen entwendeten. Sich von einem solchen Trauma zu erholen, dauert seine Zeit, ganz abgesehen von verschwundenen Materialien. Und es wurden gezielt Filmrollen mitgenommen, deren Inhalte von den Landkonflikten und sozialen Fragen handelten. Nichts desto trotz feierten wir danach unser zehnjähriges Bestehen: Zur Jubiläumsmesse erschienen viele Straßenbettler, Obdachlose und *Favelados.* Fünfzehn Bischöfe und viele Ordensleute waren anwesend, darunter auch unser Ordensgeneral aus Rom, Pater Heinrich Heekeren, der während all dieser Jahre das Wirken und Wachsen von Verbo Filmes mit großer Anteilnahme und Freude mitverfolgt und gefördert hatte.

Bei der Uraufführung (1990) von Ameríndia von links: P. José Oscar Beozzo, P. Conrado Berning, Bischof Erwin Kräutler, Bischof Pedro Casaldáliga.

Unterwegs auf unendlichen Straßen

Auf einer unserer Reisen durch das zweitgrößte Bundesland Brasiliens, *Pará*, besuchten wir den damals bereits sehr bekannten und wagemutigen jungen Priester Ricardo Resende in *Redenção*. Er arbeitete zu den vielen Menschenrechtsverletzungen und prangerte sie über die CNBB und die Medien an, die ihm zur Verfügung standen. Ricardo lebte nicht ungefährlich, denn er war im Besitz allzu vieler konkreter Unterlagen über Folter und Hinrichtungen, über Menschen- und Organhandel, sexuelle Ausbeutung von Kindern und Jugendlichen, Landkonflikten und Zwangsarbeiten auf den *Fazendas*. Er kannte die Namen vieler Berufskiller und die Höhe des Entgelts, das sie kassierten. So stand Ricardo Rezende bereits damals unter ständigem Polizeischutz und lebte in dem neu aus dem Boden gestampften Siedlerstädtchen *Redenção*. Auf dem Weg zu ihm übernachteten wir im etwa 100 Kilometer südlich liegendem *Conceição do Araguaia*. Wie immer auf solchen Reisen steuerten wir das erstbeste Pfarrhaus an und fragten nach Übernachtungsmöglichkeiten. Die Freude vieler Pfarrer oder Ordensmänner und -frauen, denen wir auf solchen Reisen begegneten, darüber, Leute von Verbo Filmes beherbergen zu können, war oft unbeschreiblich. Ein paar Hängematten genügten uns ja schon. Natürlich boten wir im Gegenzug auch Übernachtungsmöglichkeiten bei uns in *São Paulo* an.

Da saßen wir nun abends bis spät in die Nacht hinein im tiefsten Amazonasgebiet, im Pfarrhaus von *Conceição do Araguaia* und erlebten, wie immer mehr Frauen zu einem vereinbarten Treffen zusammen kamen. Es mögen an die vierzig oder mehr gewesen sein. Sie erzählten unglaubliche Geschichten über das Verschwinden ihrer Männer oder ihrer erwachsenen Söhne in der Zeit der Diktatur. Seit bereits einem Jahr oder länger höre man nichts mehr von ihnen. Viele der Frauen weinten, weil sie Schlimmstes vermuteten und in einer totalen Ungewissheit um ihre Väter und Söhne lebten. Was war passiert? Zu hunderten waren die Männer auf die *Fazenda* von Volkswagen do Brasil gezogen, gelockt von vielen Versprechungen und guten Löhnen, mit denen sie ihre Familien hätten ernähren können. Es sei seit einem Jahr noch niemand wieder zurückgekehrt, erzählten die Frauen.

Volkswagen begann zu Beginn der 1970er Jahre im großen Stil ein ambitioniertes Rinderzuchtprojekt im Einklang mit der Gesetzgebung und Unterstützung der Militärdiktatur. Letztere hegte große Pläne für die Entwicklung und Erschließung des Amazonasgebietes. Da ließ sich Volkswagen nicht zweimal bitten, in dieses Projekt mit einzusteigen und entwickelte eine Modellfarm (*Fazenda*), um die Rinder der Zukunft zu entwickeln und mitzuhelfen, das weltweite Problem des Hungers in baldiger Zukunft zu lösen. Das war 1974. Volkswagen bekam von Brasiliens Militärdiktatur hundertvierzigtausend (140.000) Hektar Land mit dem Auftrag, daraus eine Modellfarm zu machen. Als erstes sollte der Urwald gerodet, also alle Bäume gefällt werden, um Weideflächen für Rinder anzulegen. Die Grassamen und der Dünger wurden mit Flugzeugen über der verbrannten Erde verstreut. Es entstanden Schlachtzentren mit Kühlhäusern und Rinderfleisch-Weiterverarbeitungsfabriken. Eigene Asphaltstraßen wurden gebaut. Volkswagen wurde in Amazonien für viele andere nationale und internationale Konzerne zum vorbildhaften Symbol der Invasion und der Verwüstung der Natur um eines „guten“ Zweckes willen. Der deutsche Autokonzern war nicht der einzige, der den Amazonas wild abholzte und verwüstete, jedoch der mit dem bekanntesten Namen und von den Militärs begehrt wegen seiner großen Erfolge im Autogeschäft. Ihm traute man nur Gutes zu. Er würde auch die Rinderzucht Brasiliens qualitätsmäßig und weltweit berühmt machen. „Mit viel Erfolg beim Autobau beginnt ‚Volks‘ (=Volkswagen) jetzt auch erfolgreich mit Viehzucht in Pará“, las man in den großen Zeitungen und betonte die „Modernisierung“ und „Kolonisierung“ Brasiliens unter der nationalen Gesetzgebung der Militärs.

Wir saßen also im Pfarrhaus mit den weinenden Frauen zusammen und schluchzten hin und wieder selbst mit ihnen. Alles war so unglaublich und ich als Deutscher fühlte mich zum „Kotzen“ schlecht.

Pater Ricardo Rezende klärte uns auf, als wir anderntags bei ihm saßen. Er war der Koordinator der CPT (*Comissão Pastoral da Terra* – Landpastoral) in *Araguaia-Tocantins* und verantwortlich dafür, die Menschenrechtsverletzungen des deutschen Konzerns in Brasilien zu dokumentieren, auch im Namen, mit der Unterstützung und dem Wohlwollen der Bischofskonferenz CNBB. Er wusste, welche Verbrechen da geschahen. Die Männer waren alle in eine Falle gegangen. Sie waren zu gutgläubig und es ging ihnen sehr, sehr schlecht, insoweit sie noch am Leben waren. Das Gebiet der *Fazenda* war so enorm groß, dass niemand wusste, wo die Männer steckten. Es war die Taktik des Konzerns, mit wunderbaren Versprechen und Lohnangeboten die Arbeiter auf die *Fazenda* zu locken. Wenn sie dann einmal da waren, wurde schon dafür gesorgt, dass sie sich durch ihren Unterhalt, Miete, Unterkunft, Lebensmittel, Getränke, Arzneien... so sehr verschuldeten, dass sie ewig weiter arbeiten mussten, um erst einmal die Schulden begleichen zu können. Soweit aber kam es nie. Sie lebten in Schuldknechtschaft. Geld, um es an ihre Familien schicken zu können, bekamen die Arbeiter nicht zu sehen. In Krankheitsfällen kümmerte sich niemand um sie. Viele kamen zu Tode oder wurden ermordet. Es klang aus dem Munde von Ricardo alles schlimmer als wir es bereits über die Sklavenhaltung in früheren Jahrhunderten gehört hatten.

Jetzt, da ich an diesen Erinnerungen aus meiner Zeit und Tätigkeit in Brasilien schreibe, bekomme ich im August 2017 eine E-Mail von Pater Ricardo Rezende. Er arbeitet inzwischen als Professor für Menschenrechtsfragen an der PUC (Päpstliche Universität) in *Rio de Janeiro*. Wir stehen in freundschaftlicher Verbindung: „Die Dokumentation über *VW do Brasil* ist enorm und füllt viele Aktenordner“, schreibt er auf meine Anfrage. „Es gibt hunderte von Dokumenten mit Interviews der Überlebenden, mit richterlichen Prozessen, veröffentlichten Artikeln in Brasilien und in Deutschland, Aussagen und Interviews mit den Verantwortlichen von damals und heute in den Chefetagen von *VW*, durchgeführt von Freunden der Brasilieninitiative Freiburg." Das gesamte Projekt der Volkswagen-Farm, die gekommen war, die Welt zu ernähren und Fleisch in alle Kontinente zu exportieren, scheiterte erbärmlich. Die Investitionen (um die ging es ja und nicht um die Welternährung) waren für den Konzern so vielversprechend gewesen und wurden zu einem „Alptraum" für die deutsche Gruppe von VW. Sie hatte es nicht allein mit Umweltschützern zu tun, sondern auch mit dem Skandal und dem Vorwurf der Sklavenhaltung. Nach den ersten Waldrodungen – Bränden, Verkauf und Vernichtung der Hölzer – wurde damals bereits von Ausbeutung und Vernichtung der Natur gesprochen und das Vorgehen des deutschen Konzerns vor allem durch kirchliche Organe bekannt gemacht, und eben auch auf die Ausmaße, die das für das globale Klima haben konnte.

Volkswagen hatte sich immer mit dem Hinweis zu rechtfertigen versucht, die Gesetzgebung der brasilianischen Regierung hinter sich zu haben und in den Fortschritt Brasiliens zu investieren. Laut Pater Ricardo Rezende kaufte die deutsche Gruppe Nixdorf 1986 die Ländereien von Volkswagen. Es gab auch immer größere Probleme mit Landbesetzungen. Ricardo teilte mir die Buchtitel und Artikel mit, die er selbst zu dieser Thematik geschrieben hatte („*A Justiça do Lobo*" Vozes 1985 und „*Pisando Fora da Própria Sombra*" Civilização Brasileira 2005).

Irgendwann in den Jahren danach musste ich miterleben, wie der damalige deutsche Bundeskanzler Helmut Kohl Brasilien einen Besuch abstattete. In den Fernsehübertragungen wurden die guten transatlantischen Beziehungen Deutschlands zu Brasilien betont. Kohl lobte voller Stolz die deutsche Industrie.

Andere Bilder auf unseren Reisen

Im Bundesland *Minas Gerais* kamen wir irgendwann durch den Kreis *Diamantina*, etwa 300 Kilometer nördlich der Hauptstadt

Belo Horizonte. Wir sind auf dem Weg zum *Vale do Jequitinhonha*, weitere 400 Kilometer nördlich. In all diesen Regionen gab es viel Abbau von Edelsteinen und Diamanten (daher der Name der Stadt *Diamantina*). Entsprechend ausgebeutet und arm lebt die große Mehrheit der Menschen. Der neu ernannte Bischof von *Araçuaí* im *Vale do Jequitinhonha* – Tal des *Jequitinhonha*-Flusses – war mein Provinzoberer in *São Paulo* gewesen und bekannt als gemäßigt fortschrittlich, persönlich anspruchslos, transparent und arm. Zu ihm waren wir auf dem Weg, um mehr über seine neue Diözese zu erfahren und zu berichten. Dabei kamen wir durch den Landkreis von *Diamantina*. Auch der dortige Erzbischof war ein Mitbruder aus dem Orden der Steyler Missionare. Ich erwähnte ihn bereits, *Dom Geraldo de Proença Sigaud*. Ein erzkonservativer Anhänger des berühmten Erzbischofs Lefebvre, der die Beschlüsse des Zweiten Vatikanischen Konzils strikt ablehnte und sich stark machte für „Tradition, Familie und Eigentum". Er passte hier in das „Bild der Landschaft", denn als wir seine Diözese durchquerten, linkerhand und rechterhand der Bundesstraße nur Großgrundbesitz und – auf Abstand von etwa fünfzig bis hundert Kilometern – riesige Torbögen mit Wappen, auf denen zwei mächtige Löwen und Türme einer Befestigung zu sehen waren. Darunter der Name in Gold: „Thurn und Taxis". Auch dort übernachteten wir irgendwo und informierten uns. Niemand kannte den Besitzer oder konnte etwas zu dem Namen „Thurn und Taxis" sagen. Nur das hörten wir, dass der Inhaber dieser Riesenfazenda einmal im Jahr aus Deutschland angeflogen kommt und alle Bürgermeister und Obrigkeiten von Staat und Kirche aus der Umgebung einlädt und sich ihnen gegenüber nicht lumpen lässt. Dann schlachtet er etliche Rinder seiner riesigen Herden. Es gibt *Churrasco à vontade*, so viel jeder essen kann, vom besten Fleisch seiner besten Rinder. Die ganz wenigen Angestellten *vaqueiros* (Cowboys) auf seiner Fazenda müssen stramm stehen und Herrschaften und Gäste bedienen.

Die Sklaverei in Brasilien ist seit 1888 offiziell abgeschafft, doch welche Möglichkeit bleibt dem Geknechteten, ihr zu entkommen? Die kolonialen, oligarchischen Strukturen leben weiter, auch noch in Teilen der kirchlichen Hierarchie. Wie konnte es so weit kommen, dass sich in der fünfhundertjährigen Geschichte nicht einmal die offizielle Kirche als ein geeinter Block auf die Seite der Geknechteten stellte? Jesus, auf den sie sich berief, hatte selbst Knechtsgestalt angenommen und war nicht wie ein Gott über diese Erde gelaufen. Seine Nachfolger hingegen gingen den bequemeren Weg und beschränkten die Gegenwart und Anbetung Gottes auf Kirchen und Tabernakel. Möglichst alles aus Gold. An alten historischen Goldkirchen fehlt es auch in Brasilien nicht. Sie sind inzwischen Touristenattraktionen, vor allem im Nordosten Brasiliens. Und in diesen vergoldeten Umhüllungen ging es um ein Stückchen Brot, in dem Gott angebetet werden musste.

Trotz dieser in Brasilien immer noch allgegenwärtigen und sichtbaren Kolonialgeschichte gelang es der Kirche – nach dem Konzil, nach *Medellín* und *Puebla* – ihre Blicke an erster Stelle auf die Gegenwart Gottes im Menschen zu richten und an einer Kirche mitzuarbeiten, die die Gefesselten befreit und den Lahmen aufzustehen hilft.

Dom Helder Camara wurde einmal mit einem Vorwurf gegen Verbrecher und Diebe konfrontiert: „Dom Helder, was sind das doch für schlimme Verbrecher. Sie haben den goldenen Kelch aus dem Tabernakel gestohlen, die Hostien auf den Boden geworfen und sind mit dem Kelch geflohen". „Ach, mein Lieber, weißt du", antwortete der Erzbischof, „es gibt Schlimmeres und schlimmere Verbrecher, nämlich jene, die es gar nicht stört, wenn Menschen auf den Boden geworfen, mit Füßen getreten oder gar getötet werden. Wer kann schon darüber urteilen, in welchen Nöten der Dieb des Kelches steckte?"

Eucharistie feiern können nur Menschen, die miteinander „eucharistisch" leben, das gute Miteinander suchen, in Dankbarkeit und Freude das Leben miteinander teilen und gestalten. Die erste und wahre Eucharistie ist die der Beziehung zum Mitmenschen. „Was ihr dem Geringsten getan habt, das habt ihr mir getan".... und dann erst macht die Eucharistie des Brotes einen Sinn. Im Miteinander-Teilen, Verteilen, unter FreundInnen, den Kleinsten zuerst.

Bei unseren Dreharbeiten übernachteten wir oft in Hütten von Goldsuchern und bekamen dort die wahren Geschichten rund ums Goldschürfen zu hören. Wie viel Blut, wie viel zerrüttete Familien, wie viel Ungerechtigkeit und Gewalt war mit der „Goldgewinnung" verbunden. In der *Serra Pelada*, dem berühmtesten Goldabbaugebirge Brasiliens im Bundesstaat *Pará* arbeiteten zeitweise hunderttausende (!) *Garimpeiros* (Goldgräber) unter mittelalterlichen Bedingungen. Mit Schaufeln und Spitzhacken entfernten sie einen ganzen Berg und es entstand im Laufe von Jahren an der Stelle ein Riesenloch, etwa 300 Meter im Durchmesser und 300 Meter tief. Ameisen gleich krabbelten die *Garimpeiros* mit 30 Kilogramm Schotter auf den Rücken an den Böschungen hoch, teils auf unstabilen Holzleitern. Jeden Tag gab es Tote, allein schon durch das von den oberen „Ameisen" losgetretene oder aus Löchern ihrer Säcke fallende Geröll, welches dann die Hinterherkommenden erschlug. Und am gefährlichsten lebte derjenige, in dessen Säcken – oben heil angekommen – der größte Anteil an Gold entdeckt wurde. Bei einem gewerkschaftlich organisierten Aufstand soll es zu hunderten von Toten gekommen sein.

Bei solchen Szenen und dem damit verbundenen Unmaß an Ungerechtigkeit und menschlichem Leid kann es passieren, dass einem schnell der Glaube daran vergeht, Gott würde sich über so viel Gold in seinen Kirchen und an den Fingern seiner Bischöfe erfreuen. Er rät uns in den Evangelien, an Stelle von Gold andere „Schätze" zu sammeln, die Bestand für das ewige Leben haben.

Pé e fé na caminhada: Wiederaufbau deiner Kirche, die in Trümmern liegt, mit der Leidenschaft der Armen

Das ist der Titel eines 35mm Kinofilms von 1987 über die Befreiungstheologie. Der Titel der deutschen Fassung lautet: „Gottes Volk auf dem Weg“. Der brasilianische Originaltitel wird mehr als Imperativ verstanden: (setze deinen) Fuß – *pé* – und (deinen) Glauben – *fé* – auf den Weg (der sich erneuernden und befreienden Kirche). Der Film wurde zu so etwas wie einem Klassiker zum Thema „Befreiungstheologie“ in Brasilien und erschien in mehr als zehn Sprachen weltweit, unter anderem in Japan und Südkorea. Er zeichnet sich dadurch aus, dass während der 80-minütigen Dokumentation kein einziges Interview gegeben wird. „Gottes Volk auf dem Weg“ lebt von starken Bildern einer „Kirche auf der Straße“, einer Kirche, die hinausgeht und von der Gesellschaft wahrgenommen wird. Sie kümmert sich um die Menschen. Ihre Stimme wird gehört, ihre Bilder werden gesehen. Sie selbst holt ihre Kraft aus dem menschlichen Zusammenhalt und aus dem gemeinsamen Glauben, aus einer gemeinsamen Hoffnung heraus. Die Kirche lebt mitten unter den Menschen und ist deren Anwalt. Neben den Bildern sind es die Originaltöne und die Lieder, die zusammen einprägsam vermitteln, wie „Befreiungstheologie“ und „Option für die Armen“ klingen und in welche Richtung kirchliche Erneuerung, neue Evangelisierung gehen müssen. Ganz klar stehen die Armen an erster Stelle, die den Auftrag Gottes haben, die Kirche wieder aufzubauen und ihr ein neues Gesicht zu geben, so wie es Franz von Assisi verstanden hatte. Die vielen „Franz von Assisi“ heute, sie sind es, die die Evangelisierung in die richtige Richtung lenken.

Das Interesse an dem Film „Gottes Volk auf dem Weg“ stieg vor allem durch die Möglichkeit einer zentralen Vermarktung durch die OCIC (heute SIGNIS). Es begann mit einer Uraufführung während eines Weltkongresses von OCIC in *Quito*, der Hauptstadt Ecuadors und mit der Uraufführung im „MIS“ (Kino) in *São Paulo* mit der Präsenz sehr vieler brasilianischen Bischöfe, die natürlich alle neugierig waren, was da so in ihrem Namen veröffentlicht wurde. Als der Film zu Ende ging und Bischöfe, Journalisten und Besucher draußen zusammen standen, summten und sangen sie alle noch das Schlusslied des Filmes.

UM FILME SOBRE A CAMINHADA LIBERTADORA DA IGREJA

PÉ NA CAMINhAdA

Agora a caminhada de libertação da Igreja do Brasil está documentada nas imagens do primeiro longametragem dirigido e montado por um padre, Conrado Berning.

"Pé na caminhada" (apresentado em pré-estréia, em São Paulo, em abril, e lançado na estreia no Rio, em junho) foi recebido com muitos elogios e já entrou no circuito nacional. Está prevista sua participação em festivais do cinema na América Latina e na Europa.

Die Armen waren zur Uraufführung ins große Kino geladen, die Obdachlosen und viele Vertreter von den Straßen *São Paulos*, allen voran der *Chico* (Abkürzung für Francisco). Im Gegensatz zur biblischen Geschichte hatten sie keine guten Kleider zum Anziehen. Sie kamen so, wie sie waren. Sie mussten nur ihre Papierkarren vor der Tür stehen lassen. In den Kinosesseln saßen sie neben den Bischöfen. Die mögen es mit Sicherheit gerochen haben.

So ähnlich ging es uns auch an einem heiligen Abend in einem dieser Jahre in *São Paulo:* Unter einer Brücke gab es vor einem Holzverschlag ein an der Tür angebrachtes Holzkreuz, hinter dem Weihnachten gefeiert wurde. Ein paar alte, beschädigte Krippenfiguren aus Gips waren aufgebaut, darunter auch ein Jesuskind aus Gips. Daneben legten die Feiernden ein neugeborenes lebendes Kind, mit Lumpen umwickelt. Alle sangen, so gut sie konnten und aus ganzem Herzen: „Stille Nacht, heilige Nacht"... Eine ältere Frau, sehr ungepflegt und alkoholisiert, griff die Melodie auf und sang laut dazwischen: „Jesus, du hast gelitten... Geliebter, mein Geliebter... armes Kind, Jesus viel gelitten... Du bist Jesus, mein Jesus..." Die Frau sang inbrünstig, mitten hinein in das fromme Weihnachtslied, dessen eigentlicher Text ihr offenbar nicht so geläufig war. Sie erfand ihren eigenen Text, ihrem Leben entsprechend und niemand ließ sich dabei aus der Fassung bringen. Wir zelebrierten mit dem Verbo Filmes-Team in dieser Kapelle die Weihnachtsmesse. Die Wandlung musste für zehn Minuten unterbrochen werden, weil zwei sich streitende Frauen hineingestürzt kamen. Ihre Streitigkeiten gingen wohl um einen Mann. Als es uns gelang, die Streitereien beizulegen und wieder etwas Ruhe eingekehrt war, fuhren wir mit der Messe fort.

Am Ende der Messe baten mich einige Eltern, ihre Kinder zu taufen. Da wir ein gutes Film-Team waren, aber nicht nur filmen konnten, bat ich die Mitarbeiter und Mitarbeiterinnen, die Menschen in zwei, drei Gruppen auf die Taufe vorzubereiten. Dann würden wir in einer Woche wiederkommen, um ihre Kinder zu taufen. All diese Menschen gehörten nicht zu einer Gemeinde, waren nirgendwo registriert, hatten keine Papiere. Sie standen selbst in keinem Taufregister, gewiss nicht. Auch die anstehende Taufe wurde nicht registriert. Nur bei Gott stehen sie ganz oben an im Register. In einer Woche waren wir wieder zur Stelle und brachten zur Freude ihrer Eltern, die sonst nicht wussten, wo und wie sie ihre Kinder taufen lassen konnten, noch einige junge Steyler Missionsschwestern mit. Doch dann kamen viel mehr Eltern und Kinder als vorgesehen. Es hatte sich wohl während der Woche herumgesprochen. Wir tauften alle. Ein großes Fest des Glaubens für diese Menschen und für uns. Zum Schluss tanzten alle vor Freude. Sie lobten Gott und dankten ihm, der Großes an ihnen getan hatte. Sie umarmten sich und uns alle. Uns blieb nichts anderes zu tun, als uns mitzufreuen, Gott auch zu danken und in den Tagen danach dem zuständigen Weihbischof von *São Paulo* mitzuteilen, dass er jetzt in seinem Bezirk ein paar getaufte Gotteskinder mehr hatte.

Der Film zeigt alle Machtlosigkeit gegenüber den Mächtigen, alles Kleine, Edle, gegenüber dem Perversen und Unmenschlichen. Trotz aller Verzweiflung überwiegt der Glaube. Die Hoffnung stirbt nicht, dass sie – die Erbärmlichsten und Verachtetsten unter allen Menschen – groß sind und die Zukunft mitgestalten können. Daran mitzuwirken, war ein zukunftsweisender, politischer Auftrag, den Brasiliens Kirche dabei war, zu verwirklichen, sich an Franziskus orientierend, dem Armen, der in seiner Jesus-Nachfolge dem Meister am nächsten kommt, weil er wie Jesus selbst, nicht weiß, „wohin er sein Haupt legen soll". In Brasilien und im Film sind die Armen der kollektive Franziskus Brasiliens.

Nicht ohne Grund ist der zweitgrößte Wallfahrtsort Brasiliens (neben dem der Gottesmutter in *Aparecida*) dem Hl. Franziskus geweiht und liegt mitten in den Dürregebieten des Nordostens Brasiliens, in *Canindé*. Natürlich filmten wir auch dort alle jene Pilger, die oft in franziskanischer Kutte verkleidet in die Wallfahrtskirche zogen. Dort schliefen sie auch, auf dem harten Boden der Kirche liegend, die paar Nächte, die sie dort verbrachten. Die Kirche war ein einziger Schlafsaal und Jesus vorne im Tabernakel in Brotgestalt, fühlte sich mit Sicherheit während der Nächte der

Wallfahrt nicht ganz so alleine. Er befindet sich in guter Gesellschaft, der Sohn Gottes, ganz hinabgestiegen zu den Menschen.

Für die Kirche war die Agrarreform eines der wichtigen Themen in der neuen Staatsverfassung. In den Ohren der 500 Jahre alten Oligarchien Brasiliens ein sehr heikles Thema. Überall gingen die Menschen zu zehntausenden auf die Straßen, mit Transparenten und Liedern: „Das Land Gottes ist Land für alle, damit alle davon leben, und nicht für einige wenige, um nur privaten Reichtum anzuhäufen." „Land zum Pflanzen und zum Ernten, nicht zum Anhäufen." „Agrarreform jetzt!" „Wir wollen Land auf dieser Erde, Land im Himmel haben wir schon zugesichert." „Das Land gehört Gott, das Land gehört allen." Tagelang wohnten wir mit in den Zelten der Landbesetzer in ganz Brasilien, um die prekäre Situation der Familien mit ihren vielen Kleinkindern dokumentieren zu können.

Bereits bundesweit bekannt war eine Bewegung der landlosen Kleinbauern auf der *Fazenda Anoni* in Südbrasilien. Die Medien kamen nicht umhin, immer wieder davon zu berichten, natürlich ganz aus ihrer Perspektive, denn die größten Medien liegen in den Händen der größten Konzerne und vertreten also ihre „größten" Interessen. Und so kam es nicht auf Inhalte an und auf Seriosität, sondern auf die Verunglimpfung dieser Tausenden von erbärmlichen Geschöpfen, die nichts Besseres zu tun hätten, als das Leben der eigentlichen und wirklichen „Arbeiter" auf dem Land, die es zu etwas gebracht hätten, zu erschweren. Mit denen, die es zu etwas „gebracht hatten", waren natürlich die Großgrundbesitzer gemeint.

Wir stellen uns im Film „Gottes Volk auf dem Weg" natürlich auf die Seite der Landlosen und Landbesetzer. Ein Dutzend Bischöfe, katholische und evangelische, zeigte Präsenz auf dem *acampamento* (illegales Lager in einem Waldstück mit Tausenden von vertriebenen Bauern), um ihre Solidarität zu bekunden.

Bei einigen dieser Landlosen-Bewegungen (MST) in Brasilien kam es auch zu positiven Ergebnissen. So erkämpften sich 450 Familien der *Fazenda Anoni* eigenes Land. Jede Familie erhielt durch die Bundes- und Landespolitik 15 Hektar Land. Das nationale Institut für Kolonisierung und Agrarreform (INCRA) sah sich gezwungen, für alle weiteren Familien in anderen Gegenden ebenfalls Land zur Verfügung zu stellen. Das war eine der ersten großen Aktionen der kurz zuvor gegründeten Landlosen-Bewegung, die sich voll und ganz auf die Kirchen verlassen und unabhängig von Politik und Parteien handeln konnte. Ihr Slogan war eindeutig und unmissverständlich: „Land für die, die darauf arbeiten" und „Landbesetzung ist die einzig mögliche Lösung". Die Kirchen stellten sich diesen Kämpfen um Gerechtigkeit und gutes Leben für alle. Sie bezogen Position. In allen Staaten Brasiliens wurden immer mehr Landbesetzungen mobilisiert. Klargestellt werden muss an dieser Stelle, dass diese und alle Organisationen zugunsten der Armen und mit der Bischofskonferenz im Einklang (CIMI, CPT, MST...) gewaltfrei agieren. Ihre einzige „Waffe" war das gemeinsame Vorgehen und der Zusammenhalt der Betroffenen. Dabei kam es jedoch immer zu unendlich vielen Gewalttaten und Todesschüssen von der anderen Seite, von denen, die ihren Reichtum und ihre Macht bedroht sahen und ihre Privilegien glaubten verteidigen zu müssen. Die Zahl der ermordeten mutigen Frauen und Männer wuchs täglich an. Es entstand ein innerkirchliches Gedenken an die vielen Märtyrer, deren Namen aufgeschrieben und in das Bewusstsein und in die Herzen der Gläubigen eingebrannt sind. All die öffentlichen Protest-Bewegungen auf den Straßen werden *Romaria* genannt: „Wallfahrt", „Pilgerschaft".

Die Metropolen Brasiliens schwollen an. Die Landflucht führte zu immer mehr Elend in den Ballungsgebieten. Hoffnungen und Sehnsüchte so vieler Migranten aus dem Landesinnern wurden immer nur enttäuscht. Sie hausten in Papp- und Wellblechhütten in den Peripherien der Großstädte. Ganze Familien bewohnten zu tausenden die Müllhalden. Kinder lernten von klein an, sich durch Betteln und Diebstahl am Unterhalt der Familie zu beteiligen und lebten unter Brücken in den Zentren. Sie stillten ihren Hunger durch das ständige Schnüffeln von Schusterleim. Sie wurden kriminell und von der Polizei, die ja für Recht und Ordnung zu sorgen hatte, verfolgt, geschlagen und eingesperrt. Die Kindheit wird ihnen genommen, ihre Zukunft ebenso. Der zentrale Platz für diese „Szene“ in *São Paulo* war der Domplatz. Wer dort stehen blieb, konnte mit ziemlicher Sicherheit selbst beobachten, wie irgendwo ein Kind jemandem die Armbanduhr vom Arm reißt oder die Tasche klaut.

Im Dom filmten wir an einem besonderen Tag eine ökumenische Feier mit vielen Bischöfen, auch aus anderen Kirchen. Mehr als Bischöfe waren aber Straßenkinder eingeladen und erschienen auch. Sie durften frei hineinkommen. Einige der reservierten Bischofsstühle hinter dem Altar waren bereits von Kindern besetzt, bevor die Exzellenzen erschienen. Aber diese kannten die Szene und also blieb es so, wie es war. Auch die dem Altar vorgelagerten Treppen und die Stufen zur Kanzel – alles belegt mit Kindern!

Der Franziskaner-Kardinal Dom Paulo Evaristo Arns fühlte sich in dieser Szene sichtlich „zuhause“ und begrüßte alle Anwesenden mit gleicher Liebenswürdigkeit. Ein komplettes Durcheinander herrschte auch auf den vielen Stufen, die draußen zur Kathedrale hinauf führen. Auch sie waren voller Kinder. Der große Erzbischof Dom Helder Camara hielt die Predigt und kam bald zur Sache:

> „Ach, meine lieben Schwestern, meine lieben Brüder, wenn irgendjemand von uns, ich selbst, unter solchen Umständen geboren wäre und kein eigenes Zuhause hätte –, wenn ich geboren wäre unter einer Brücke und gezwungen wäre, dort zu bleiben -, wenn ich in Blechhütten geboren wäre und in Hinterhöfen schlafen müsste... dann erscheint es mir doch ganz klar, dass ich mich aus dieser Situation befreien möchte. Ich würde auch auf die Straße gehen, dort leben, genau so wie diese Kinder! Niemand würde mich davon abhalten können, und im Nu wäre ich kein Kind mehr auf der Straße, sondern ein Straßenkind. Die Straße, in gewisser Hinsicht, wird zum Muttterersatz für diese kleinen Kinder. Und hier möchte ich meine Schwestern und Brüder aller christliche Denominationen daran erinnern, dass die christliche Moral uns lehrt, dass, wenn die Not ganz extrem wird und nicht mehr zu ertragen ist, dass dann die Güter auch allen zur Verfügung stehen. Wenn ein Kind seine Familie verlassen muss, um für sein kleines Brüderchen etwas Milch herbeizuschaffen, und wenn es

dann keine Arbeit findet, niemanden der ihm hilft, und es sucht und sucht… Schließlich sieht es dann ein goldenes Kettchen blinken, was auch immer, und nutzt die Gelegenheit und reißt es mit sich! Ist das ein Diebstahl? Oder wird das Kettchen in einer solchen Extremsituation zu Gemeingut? Natürlich, ich weiß, die Autoritäten sehen das oft nicht so.

Meine lieben Schwestern und Brüder, wer von uns kann leugnen, wenn er ein Kind solches tun sieht, dass er nicht auch Schuld daran mitträgt? Schuld, direkt oder indirekt an der Situation dieses Kindes?“

Die kirchlichen Basisgemeinden (CEBs) führen die Regie

Der in der brasilianischen Kirche gängige Begriff CEB oder CEBs (Plural) bezeichnet relativ kleine religiöse Gemeinschaften, die sich selbst vor Ort organisieren. Das „C" steht für comunidade(s): Kommunität, Gemeinschaft, „E": eclesial – kirchlich, „B": an der Basis… CEB: Comunidade Eclesial de Base. Also kirchliche Basisgemeinschaft. Das Wort Jesu – „wo zwei oder drei in meinem Namen versammelt sind, da bin ich mitten unter ihnen" – kommt dieser Form des Kirche-Seins nahe und erklärt das Wesentliche. Wie funktioniert das Leben einer CEB zum Beispiel im bitterarmen Nordosten Brasiliens, wo die Kindersterblichkeit sehr hoch ist?

Szenen aus einem Film, den wir für die Franziskaner in São Luiz do Maranhão, im Nordosten, dem Armenhaus Brasiliens, drehten

Sechs Personen, vier Frauen, zwei Männer, haben sich zusammengefunden, um das wichtige Thema der Kleinkinder zu diskutieren. Sie sind die Hauptorganisatoren der sogenannten *Pastoral da criança* – Kinderpastoral. Es geht um Gesundheit und richtige Ernährung der Babys. Nach einem Anfangslied wird eine alte Bibel aufgeschlagen und eine der Frauen liest daraus die Worte Jesu: *„Ich bin der gute Hirte und gebe mein Leben für meine Schafe. Es gibt auch noch andere Schafe außerhalb dieser Herde, auch für sie bin ich da. Der Mietling aber, dem die Schafe nicht gehören, sieht den Wolf kommen und flieht, um sich selbst in Sicherheit zu bringen. Und der Wolf stürzt sich auf die Schafe… Ich bin der gute Hirte. Ich kenne meine Schafe und bleibe immer bei ihnen. Und die Schafe kennen mich. Ich gebe mein Leben für meine Schafe…"*

Dann sitzen alle in einem Kreis und diskutieren darüber, wie sie aus der Bibel Kraft schöpfen und was diese Bibelstelle heute für sie selbst bedeuten mag:

1. Frau: „Diese Bibeltexte stehen in enger Verbindung mit unserer Arbeit. Wir kümmern uns um die Kinder, damit sie vor Hunger und Krankheit nicht sterben. Wir wollen sie gesund sehen. Gott gibt uns Kraft, um in dieser Arbeit trotz aller Schwierigkeiten auszuharren."

2. Frau: „Unsere Siedlung liegt an der Peripherie, zwischen schmutzig stinkenden Abwässern, die voller Ansteckungsgefahren sind. Die Kinder stecken voller Würmer und sind immer krank. Wir müssen uns besser organisieren, damit die Hygiene besser wird, dann helfen wir auch unseren Kindern und die Würmer können sich nicht verbreiten."

3. Mann: „Die Hirten, von denen die Bibel spricht, sind eigentlich wir. Wir Eltern. Wir müssen besser die hausgemachten Medikamente kennen lernen. Und wir tun das nicht des Geldes wegen. Keiner bekommt etwas. Die Hirten in der Bibel, die für ihre Arbeit Geld bekamen, haben ihre Schafe verraten und sind geflohen. Doch Jesus Christus hat alles ohne Entgelt gemacht, er hat uns die Augen geöffnet über die Söldner, die nur für Geld arbeiten. Jesus hat nie Geld für etwas genommen. Er hat sich eingesetzt für Gerechtigkeit für alle, er wurde unbequem und schließlich umgebracht. Er gab sein Leben für die Schafe."

4. Frau: „Viele fragen mich oft: warum tust du das eigentlich, warum arbeitest du in der Kinderpastoral? Da verdienst du doch nichts. Gott allein weiß warum, und er wird es lohnen. Gott allein ist es, der uns auszahlt. Viele, die dafür bezahlt werden, behandeln uns doch schlecht. Wir arbeiten als Freiwillige, aber mit Liebe."

Wer als Tourist durch Brasilien zieht, mag von diesem „Basiskirche-Sein" nicht viel erleben. Ihm fallen eher noch die Kirchengebäude in den Städten und Ballungsgebieten auf, mit Türmen und eventuell einem Hahn oben darauf. Die „brasilianische" Kirche an der Basis, dort wo die Verlassenen und Arm-Gemachten leben, ist neu.

„Wir stehen eben noch am Anfang“, wie Dom Aloisio Lorscheider sagt. Sie ist ein zartes Pflänzchen mitten in den Peripherien der Großstädte, im Landesinnern, in den Vereinigungen der Tagelöhner auf den Großplantagen, in der Landlosenbewegung, bei den Gewerkschaftsmitgliedern der Metallarbeiter, unter Prostituierten, Anders- und Nichtgläubigen, in Gefängnissen, in Hochhäusern und auf Müllhalden der großen Metropolen. Die Menschen gehen nicht zur Kirche, sondern dort, wo Menschen sind, da ist Kirche. In ihren Straßen, in ihren Wohnungen, unter Brücken und Viadukten. Bischof Celso Franco de Oliveira von der anglikanischen Kirche bringt dieses neue Kirchenbild auf den Punkt, fast etwas erzürnt und wütend, wenn er uns auf einem Basisgemeindetreffen in einem Interview sagt:

> „Kirche wird aus dem Volk geboren. Wir Bischöfe der verschiedenen Kirchen sind es müde, die Ökumene nur noch weiter zu betreiben mit einem gegenseitigen diplomatischen Schulterklopfen, – wir da oben! Wir müssen zur Basis hinabsteigen, nur so helfen wir mit, die großen Probleme des Elends, der Gewalt in diesem Land, zu lösen. Wir halten das nicht mehr aus. Wir verraten das Evangelium, wenn wir so weitermachen. Um so irrelevanter und nichtssagender wird die Kirche Jesu für die Menschen.“

Die Menschen, um die es geht, sind meist nicht sozial-, wohl aber mit-menschlich abgesichert. Und sie verstehen viel und ganz unkompliziert das Evangelium. Niemand braucht es ihnen erklären. Dona Luzia Florência, eine Basisgemeinde-Leiterin in *Itumbiara*, der Zuckerrohrgegend Zentralbrasiliens, nimmt uns – als wir sie aufsuchen, um einen Film über ihr Leben zu drehen – direkt mit zu einer im Sterben liegenden Nachbarin. Weitere Frauen finden sich ein. Sie halten die Hände der Sterbenden und beten das Magnifikat.

Wie viel Trost mag in diesem Moment durch die verwelkten Hände der sterbenden alten Frau fließen, wie viel Zuversicht und Hoffnung. Dona Luzia selbst wurde auf der Straße geboren, von einer Prostituierten. Ihre Mutter hatte sie als Kind in verschiedene Städte und in Gold- und Edelsteinminen mitgeschleppt. Luzia selbst lernte die gewalttätigen Männer und Stiefväter kennen, bald auch am eigenen Leib. Sie kommt nicht von diesem Leben los:

> „Wenn für die Frauen die Stunde ihrer Niederkunft gekommen war, halfen sie sich gegenseitig, auch wenn bereits für sie selbst die Geburtswehen einsetzten. Sie halfen sich gegenseitig in allem nur erdenklichen Elend unter improvisierten Strohdächern. So auch meine Mutter. Sie half einer Nachbarin, während es bei ihr selbst auch wieder so weit war. Dann kam eine Nachbarin und half meiner Mutter bei der Geburt ... Es war kalt, auf dem Boden mitten in der Hütte loderte ein Feuer. Mitten in dem ganzen Durcheinander kamen alle Nachbarn, und dann wurde die Nacht zu einem einzigen Besäufnis. Es kam zu Streitigkeiten, Trennungen, Wechsel des Ehemannes. Und dann am nächsten Tag wollte ich nur noch eines: ich suchte ein anderes Leben, ein ehrliches, aufrichtiges, ich suchte mich charakterlich neu zu erfinden. Aber wie? Wie sollte ich anfangen? Meine ganze Welt, in der ich mich befand, lebte doch so."

Dona Luzia erzählt ihre Geschichte in einem kleinen autobiografischen Büchlein „Mesmo assim eu sou feliz" – „Trotz allem bin ich glücklich". Jetzt ist sie seit einigen Jahren mit ihrem Mann (gewalttätig) verheiratet und hat ein kleines ärmliches Häuschen am Stadtrand von *Itumbiara*. Aus ihr wurde eine Lehrmeisterin des Lebens. Sie ist durch die dreijährig stattfindenden großen nationalen Basisgemeinde-Treffen der CEBs in kirchlichen Kreisen ganz Brasiliens bekannt geworden. Vor ihrem Häuschen versammeln sich tagtäglich morgens gegen fünf Uhr die *Boia-Frias* – Tagelöhner, darunter auch sie selbst, und warten, dass sie von LKWs mitgenommen werden, um Zuckerrohr zu schneiden. „Bei der Geburt und im Sterben, in gemeinsamen Freuden und Leiden ist sie mit anderen Frauen immer dort, wo sie sein muss", schreibt sie in ihrem Büchlein, und dort, wo der Glaube und die reine Mitmenschlichkeit sie hinschickt.

> „Wenn es auch Leid und Ausbeutung gibt, verzweifeln wir nicht, denn das Edelste in uns ist, dass wir alle Kinder des einen Gottes sind und so unser Leben meistern müssen... Mit dem Aufkommen

> der CEBs innerhalb der katholischen Kirche Brasiliens – diese CEBs sind so etwas wie das Einüben des Reiches Gottes, wie das Wehen des Gottesgeistes in der befreienden Praxis des geknechteten Volkes – versuche ich jetzt schon seit etwa 15 Jahren gemeinsam mit unserem leidenden Volk diese neue Art des Kirche-Seins zu leben und mit anderen zu teilen. Zur Zeit trage ich die Verantwortung für die Animation der CEBs hier in der Gemeinde Christkönig, zu der ich gehöre."

Das ist nicht mehr ein Kirchenmodell der imperial-kolonisierten Christenheit, nicht mehr europäisch geprägt, nicht mehr von oben nach unten, sondern ein Modell für Kirche-Sein heute. In Brasilien fällt dieses neue Kirchenverständnis und dessen Umsetzung in den Diözesen und Gemeinden just in die Zeit der schlimmsten Militär-Diktatur. Sie hegt ein ständiges Misstrauen gegen die CEBs und all jene Gläubigen, die Leben daraus schöpfen, um ihre Zukunft besser gestalten zu können. Sie werden genau beobachtet und möglichst zum Schweigen gebracht, in nicht wenigen Fällen gefoltert und getötet.

In den meisten dieser CEBs kennen die Menschen das Martyrium aus nächster Nähe: Menschen sterben nicht, weil sie eine kirchliche Doktrin verteidigen, sondern weil die Umsetzung des christlichen Glaubens in einer sich vom Joch der Unterdrücker befreienden neuen Kirche Konfliktsituationen hervorruft und ein Gefahrenpotential für die Herrschenden bedeutet. Wenn ich den Nächsten liebe wie mich selbst und diese Liebe identisch ist mit der Liebe zu Gott und wenn mein Nächster unterdrückt und misshandelt wird, dann ist es doch logischerweise Gott selbst, dem dieses Leid und Unrecht zugefügt wird. Viele Christen, Leute aus den CEBs, werden verfolgt und ermordet von getauften Christen, die sich (noch) nicht bekehrt haben.

José Marins, ein guter Kenner der Basisgemeinden Brasiliens (CEBs), spricht über einige Wesenspunkte, die eine Basisgemeinde ausmachen: Zunächst ist es das Wort Gottes selbst, das große Bedeutung hat. Es ist so etwas wie der „Mutterboden", aus dem heraus eine neue Kirche wachsen kann. An zweiter Stelle handelt es sich um eine Kirche, die Ausschau hält, entsprechend urteilt und dann in Bezug auf die Ausgegrenzten, Leidenden, an den Rand Gestoßenen handelt, welche im vorherrschenden kapitalistischen System durch alle Raster fallen und als Abfall betrachtet werden. Eine christliche Gemeinde steht für alle offen, wendet sich aber vorrangig denen zu, die am meisten Hilfe brauchen. Diese beiden Aspekte sind sehr stark. Drittens, so der brasilianische Theologe, geht es in den CEBs vor allem darum, Jesu Gegenwart stärker in der Zwischenmenschlichkeit („wo zwei oder drei…"!) als in der eucharistischen Präsenz zu suchen. Viertens sollen sich die Gemeinden noch stärker auf die Menschen unabhängig von ihrem Glauben oder ihrer Kirchenzugehörigkeit konzentrieren. Im gemeinsamen Diskurs geht es nicht um Religion, sondern darum, was wir alle gemeinsam zum Aufbau eines guten Miteinanders tun können, wie wir uns engagieren können.

In unserem Langspielfilm „O Anel de Tucum" (deutscher Titel: „Der schwarze Ring") wird ein Spion der Herrschenden, der die Anführer der Armen ausfindig machen und verraten soll, mit hineingezogen in eine „Eucharistiefeier" der ganz Armen im äußersten Nordosten Brasiliens. Die Basisgemeindeleiterin schließt die Bibel mit den Worten:

> „Wir hörten soeben das Wort Gottes, die heilige Schrift. Jetzt werden wir Kokosmilch und -fladen, unsere tägliche Nahrung, miteinander teilen. Im Gedenken an Francisco Araujo Barros, der im Kampf um dieses Land sein Leben hingab, und an Maria Jaiça, die brutal erstochen wurde."

Diese Aufrichtigkeit und religiöse Überzeugung der dort versammelten Menschen einer Basisgemeinde bringt den Spion zum Nachdenken, als er mitten unter ihnen sitzt. Er wird in das Geschehen mit hineingezogen, das ihn an das priesterliche Tun und die geweihten Hostien erinnert. Es halten alle die Hände auf, empfangen den Kokosfladen zum Essen und die aufgebrochene Kokosnuss zum Trinken. So sieht ihr tägliches „Brot" aus. Sie haben nichts anderes.

Das große „Problem“ (für einige) oder das große „Glück“ (für andere) in der brasilianischen Hierarchie war wohl immer die allzu geringe Zahl einheimischer junger Männer für den zölibatären Priesternachwuchs. Wohin man schaute und wohin man kam, in allen Diözesen und Orden fehlte es an Priestern. Doch man war bereit, aus der Not eine Tugend zu machen und auch hier die Zeichen der Zeit zu erkennen. Wie oft hörte ich Bischöfe und Kardinäle sagen: „Es ist ein Segen Gottes für unser Volk, dass wir so wenig Priester haben. Denn: An Arbeitern und Arbeiterinnen fehlt es nicht, sie bringen sich alle ein und werden zu Protagonisten ihres Glaubens, vor allem die Frauen und Mütter. Sie sind es an erster Stelle, die den kleinen Basisgemeinden Geist einhauchen und sie beleben.“

Der bereits erwähnte Bischof Dom Clemente Isnard, der in den Nachkonzilsjahren lange Zeit wichtige Posten in der CNBB und im CELAM bekleidete, schreibt mit fast 90 Jahren: „In meinem langen Leben lernte ich Priester kennen – unfähig für die Aufgaben eines Pfarrers. Und ich lernte Frauen und Ordensfrauen kennen, die alle Fähigkeiten zur Gemeindeleitung gehabt hätten.“ Dom Antônio Possamai, Bischof in der Amazonas-Stadt *Ji-Paraná* sagte dazu:

> „Was fand ich vor, als ich Bischof von *Ji-Paraná* wurde?: eine Diözese, die sehr arm war, sehr arm an Klerus, jedoch sehr reich an Laien, an Getauften, die ihr eigenes Leben für die Kirche einsetzten und für die Befreiung unseres Volkes kämpften.“ ... „Die Kirche braucht keine Eliten, keine importierten Fachkräfte. Was sie braucht, sind Berufe aus den eigenen Reihen der jeweiligen Gemeinden, welche missionarisch tätig werden. Solchen Menschen gelingt es auch, in die letzten Ecken und Winkel des leidenden Volkes vorzudringen und dorthin das Leben zu bringen.“

Die Stimme eines Laien – Mann oder Frau – zählt also ebenso viel wie die Stimme eines Bischofs.

Wer erkennt schon den schönen, weiten Horizont mit der aufgehenden Sonne und der glühenden Morgenröte der CEBs? Wer traut ihnen die Verbreitung des Gottesreiches über den ganzen

Erdkreis zu? Ich erlebe die 1980er Jahre der brasilianischen Kirche im ständigen kritischen Gegenüber zur römischen Papstkirche unter dem polnischen Papst und seinem deutschen Glaubenswächter Ratzinger. Die Beziehungen wollen nicht so recht klappen. Harmonie, Wohlwollen und gegenseitiges Vertrauen sehen anders aus. Stattdessen gibt es viele Zurechtweisungen, Verbote, Urteile, Verurteilungen und viel Besserwisserei. Mit all dem legen die Römer der Kirche Brasiliens immer nur Knüppel zwischen die Beine. Selbstbewusst genug und mit einem soliden Fundament unter den Füßen identifizieren sich die Bischöfe ganz und gar mit dem Volk und dessen Nöten. Sie lassen sich von den „Kleinsten" belehren. Von diesen Bischöfen hört man immer wieder: „Wir werden von den Armen evangelisiert, die Armen sind unsere Lehrmeister." Da wird Kirche nicht aus Stein gemeißelt, mit Glockengeläut und allzu lauten Orgeln, die alles übertönen. Kirche ist nicht an Gebäuden mit dicken Mauern erkennbar. Sie ist dynamische Bewegung mit konkreten Menschen an vielen konkreten Orten. Trauer und Freuden des Volkes und der Hirten verschmelzen miteinander. Ein Zelt ist aufgeschlagen mitten unter den Menschen. Es nennt sich: Kirche.

Die Befreiungstheologie und die Basisgemeinden haben sich „nicht bewährt", so bekommt man hin und wieder zu hören. Haben sich die Vorgaben Roms, etwa der neue Katechismus *„ICH GLAUBE"* für das brasilianische Volk bewährt? Nur weil darin steht, dass die Kirche *„die Kraft des Evangeliums in die Kultur und in die Kulturen hineinzutragen bestimmt ist"*? Und wenn man dann im Vorwort liest, „dass der Text [...] zuverlässig ist und als solcher die *lex credendi,* die *lex vivendi,* die *lex orandi* unserer heiligen Mutter Kirche darlegt und dass er die Tatsachen und Grundwahrheiten des christlichen Mysteriums unter Wahrung der Hierarchie der Wahrheiten und gemäß der vom Katechismus der katholischen Kirche übernommenen Gliederung in vier Teile zusammenfassend und organisch geordnet vorlegt...", spätestens dann ist das Interesse am Weiterlesen der Glaubensvorgaben vergangen und hat sich so ein „kostbarer" Schatz der Kirche nicht bewährt. Diese einleitenden Worte des Katechismus sind unterschrieben von einem der größten und bekanntesten Gegner und Bekämpfer der lateinamerikanischen Befreiungstheologie und der Basisgemeinden, dem lateinamerikanischen Kardinal Darío Castrillón Hoyos, Vorsitzender der Kongregation für den Klerus im Vatikan.

All dessen vollkommen ungeachtet: wer liest und versteht schon den römischen Katechismus? Und trotz Kopfzerbrechen der Römer unter sich, wie sie die Basisbewegungen der katholischen Kirche Brasiliens irgendwie bekämpfen oder wenigstens in den Griff bekommen können, wie sie nach ihrem Geschmack der Kirche „neues Leben einhauchen" und die Welt „neu evangelisieren" können, gestaltet sich in Brasilien im Abstand von zwei bis drei Jahren immer wieder das sogenannte *Intereclesial* der CEBs, ein inter-kirchliches Treffen aller Basisgemeinden. Aus ganz Brasilien kommen Vertreterinnen und Vertreter, um die drei bis viertausend Personen. Das Treffen ist nicht nur ökumenisch, sondern auch interreligiös, und niemand ist ausgeschlossen. Aus ganz Lateinamerika nehmen BesucherInnen daran teil. Und es sind immer auch zwischen 50 und 100 Bischöfe der CNBB dabei. Sie mischen sich „unter" die TeilnehmerInnen. Niemand weiß genau, wer Bischof ist und wer nicht, denn äußerlich gibt es keine Erkennungsmerkmale. Auf dem Treffen in *São Luiz do Maranhão* 1997 (unter dem Motto „Leben und Hoffnung wird aus dem Volk geboren") tritt Bischof Dom Franco Masserdotti ans Mikrofon:

> „[...] Wir sind sehr glücklich und freuen uns, dass es den CEBs so gut gelingt, den ökumenischen Freiraum und den interreligiösen Dialog zu schaffen. Durch unsere Teilnahme an diesem Treffen möchten wir Bischöfe in aller Schlichtheit und Freude unser tiefstes Vertrauen zum Ausdruck bringen, welches wir in diese Art, Kirche zu sein, legen. Wir möchten unserem Dank Ausdruck verleihen und Respekt und Wertschätzung bezeugen für das Glaubenszeugnis so vieler Mitglieder der CEBs. Seit bereits mehr als 30 Jahren sind sie zu Samen der Hoffnung für die Kirche geworden. Die CEBs leben authentisch die Liebe, das Wort Gottes, den Gemeinschaftsgeist sowie den Dienst und die Solidarität mit den

Kleinen und sollten zum Ansporn für die ganze Kirche werden, diesen Weg Jesu und der ersten christlichen Gemeinden zu gehen. Sie sind also ein großes Geschenk Gottes an uns. Bei uns als Hirten liegt die Verantwortung, die CEBs zu pflegen, ihnen mutig beizustehen, gerade in einer Zeit wie der jetzigen mit so einer ernsten Krise der Arbeitslosigkeit, die durch die derzeitigen Wirtschaftsmaßnahmen nur noch verschlimmert wird. Und es sind wie immer die Ärmsten, die besonders darunter leiden. Wir Bischöfe fühlen uns daher verpflichtet, uns helfend ganz auf die Seite der CEBs zu stellen. Die Mitglieder der CEBs sind in der Tat, stellen in der Tat die Schicht des Volkes Gottes dar, die am meisten leidet. Deshalb verdienen sie in besonderer Form unsere Unterstützung als Hirten. Wir bitten den Herrn, ihnen Kraft und Stärke für ihren Befreiungskampf zu verleihen. Die Jungfrau von Aparecida, Schutzpatronin unserer Nation und in den CEBs so sehr verehrt, möge uns auf dem Weg in das neue Millennium schützend zur Seite stehen, uns in der Liebe zum Vater bewahren und in der Nachfolge Jesu begleiten. Er allein ist unsere Quelle und unsere Hoffnung.

Die auf dem 9. *Intereclesial* teilnehmenden Bischöfe. Vielen Dank!“

Ein paar Male, wenn ich gefragt wurde, habe ich die *Intereclesiais* schon mal mit den Kirchen- oder Katholikentagen in Deutschland verglichen. Aber eigentlich sind sie nicht vergleichbar. In den Letzteren werden viele Prominente, Politiker, Theologen eingeladen. Große Persönlichkeiten, Präsidenten und Expräsidenten werden eingeflogen. Viele Millionen ist das den Veranstaltern wert. Bei den *Intereclesiais* sind die kleinen Leute die Wichtigsten. Es sind Vertreter und Vertreterinnen aus den vielen Basisgemeinden, vor allem Vertreterinnen, Frauen. Mit der Bibel in der Hand beleuchten sie ihr Leben, tragen es vor, erzählen von ihren Kämpfen und wie sie das Leben bestehen und meistern. Sie sind es, die die Inhalte der Arbeitsgruppen festlegen und debattieren und sie dann im Plenum vortragen. Theologen, die auch unter ihnen sitzen, schreiben auf und hören, was Gott zu ihnen aus dem Munde dieser Menschen sagt. Auf einem der Treffen meldete sich einmal ein *Guaraní-Indígena* aus dem Bundesland *Espírito Santo* mit bunten Federn geschmückt, zu Wort:

> „Ich als Vize-*Kazike* der *Guaraní*, ich sage immer, die Kirchen dürfen uns gerne besuchen kommen und unsere Dörfer besuchen, aber sie sollen uns wegbleiben mit ihrer Kultur, weil sie damit die unseres Stammes zunichte machen. Weil das unsere eigene Kultur verletzt, herabsetzt, vernichtet. Das bringt Probleme in unsere Dorfgemeinschaft. Also sollten sie das vermeiden. Die Kirchen sollten das verstehen, damit so etwas nicht mehr passiert. Damit unsere Dörfer nicht getrennt werden. Deswegen wollen wir euch die Hand geben, um eine starke Kette – eine einzige Einheit zu bilden. Weil der Teufel wie ein Löwe ist, der uns verschlingen will."

Es ist lateinamerikanisch befreiend, nach langen von Misstrauen des Vatikans den Basisgemeinden gegenüber geprägten Jahren, heute die Worte unseres Papstes Franziskus zu lesen.

Nachdem es nie zuvor von den Vorgängerpäpsten ein Grußwort, eine Anerkennung an die immer wiederkehrenden großen *Intereclesiais* gegeben hatte, wendet sich Papst Franziskus direkt mit einem frohen Gruß an die dreitausend in *Juazeiro do Norte* versammelten Mitglieder des 13. *Intereclesial* im Januar 2014. Er betont die Wichtigkeit und die sehr gute Wahl des Mottos der Versammlung: Gerechtigkeit und Prophetie im Dienst des Lebens.

Eine größere Liebe hat niemand... Die Prophetie und das Martyrium in der Kirche

> „Der Pistoleiro kam zu uns ins Haus, ohne dass er sich zu erkennen gab. Er würde gerne mit Zezinho sprechen, meinem Mann, weil der immer den Ärmsten helfen würde. Alles klang so vertrauensvoll. Er erzählte, seine Großmutter wäre Witwe geworden. Mein Mann würde sich doch auskennen mit der Rente. Er würde gerne mal mit ihm darüber sprechen. Er tat mir leid und ich bat ihn reinzukommen. Ich bot ihm ein Glas Wasser an. Dann bat ich meine jüngste Tochter, 11 Jahre, den Papa zu holen. Er war gerade bei den Nachbarn. Mir wäre nie der Gedanke gekommen, dass

> der Mann Böses im Sinne hatte. Er sah aus wie ein einfacher Arbeiter, der um Hilfe bat. Er hat mich reingelegt. Mein Töchterchen ging den Vater holen. Zum Sterben. Der Pistoleiro schoss ihn kaltblütig nieder, vor mir und vor den Augen der Kinder…"

So wie diese Bäuerin aus dem Amazonasgebiet kennen allzu viele Brasilianer ihre eigenen Geschichten mit Verfolgungen und Todesschüssen in der Familie oder in der Nachbarschaft, im Freundeskreis. Daher ist das Martyrium immer wieder ein sehr zentrales Thema auf allen *Intereclesiais.*

Dom Pedro erzählt immer wieder und gibt ein ganz persönliches Zeugnis, wie die Polizei 1976 den Jesuitenpater João Bosco Burnier an seiner Seite erschoss. Beide, Pedro und João Bosco waren zur Polizeistation in *Ribeirão Cascalheira* gegangen.

Das Märtyrer-Gedenken gehört wesentlich zu den CEBs, zu den Basiskirchen. Sie haben ihre eigenen Vorbilder, denen sie folgen. Und damit diese nicht in Vergessenheit geraten, entstand also dort in *Ribeirão Cascalheira* ein Mahnmal, eine besondere Pilgerkirche im Herzen Brasiliens. So eine äußere Gedenkstätte ist wichtig, aber ebenso wichtig ist es, dass die Namen der Märtyrer nicht vergessen und immer wieder ins Gedächtnis der Menschen zurückgerufen werden. In den Allerheiligenlitaneien stehen sie aufgelistet und werden als Fürsprecher im Himmel angerufen. Ihre Bilder hängen an den Wänden in vielen Kirchen.

Frohbotschaft der *Indígena*

In Folge der Neuausrichtung der Verkündigung der Frohen Botschaft nach dem Zweiten Vatikanischen Konzil und nach *Medellín* kam es bei der CNBB in Brasilien 1972 zur Gründung des CIMI. Von staatlicher Seite gab es bereits seit langem die FUNAI. Das Ziel dieser Behörde war die Erfassung und der Schutz von Gebieten, die traditionell von indigenen Völkern genutzt wurden. Unbefugte Eindringlinge (aus Gründen der Abholzung, Viehzucht, des Bergbaus) sollten ferngehalten werden. Der brasilianischen

Militärdiktatur standen diese Völker natürlich eher im Wege, sie waren ihr ein Dorn im Auge. Man forderte deshalb die Integration der Indigenen in die „zivilisierte" Gesellschaft, um ihre Kulturen auszulöschen und ihr Land besetzen zu können. Noch schlimmer: die brasilianischen Militärs erarbeiten 1976 eine „Endlösung" der Indianerfrage, die auch Projekt *General Rangel Reis* genannt wird. So wurde zum Beispiel das Volk der *Avaeté* gänzlich durch Gift und Bomben ausgerottet, einige Dörfer wurden aus der Luft mit Geschenkartikeln und Gebrauchtkleidung versorgt, in denen Viren und Gifte versteckt waren. Das Volk der *Nambikwara* schrumpft von zwanzigtausend auf tausend Mitglieder zusammen, weil mitten durch ihr Land die neue Bundesstraße 364 von *São Paulo* diagonal in nord-östliche Richtung und parallel zur bolivianischen Grenze bis direkt an die peruanische Grenze gebaut wurde. Allein im Bundesstaat *Rodônia* an der Grenze zu Bolivien verschwinden in dieser Zeit vierzig Ethnien. Das Projekt der Endlösung sollte bis zum Jahr 2000 abgeschlossen sein und ab dann sollten in den Wäldern keine indigenen Völker mehr leben.

In dieser konfliktreichen Zeit, also mitten in der Militärdiktatur gründete die Bischofskonferenz Brasiliens 1972 den CIMI, den *Indígena*-Missionsrat. Diese Gründung ist nur durch eine bereits sehr starke und geeinte Bischofskonferenz mit etwa 400 Bischöfen, die diese Gründung unterstützten, möglich gewesen. Fortan legte die CNBB durch den CIMI auch die Richtlinien der „Missionierung" der *Indígena* fest. Sie besteht vorrangig nicht mehr darin, die *Indígena* zu bekehren und zu taufen, wie es von Rom gewünscht war. Aufgabe der Missionare ist es stattdessen, die Menschen zu schützen, die Völker vor dem Aussterben zu bewahren und sie vor dem Ansinnen der Militärs zu verteidigen. Ein erster Schritt auf diesem Weg war es, die Kulturen und Religionen der *Indígenas* besser kennenzulernen, mit ihnen zu leben, den Völkern zu helfen, ihr Selbstbewusstsein und ihren eigenen Stolz, den Glauben an sich selbst, wiederzuerlangen. Diese Menschen müssen verteidigt werden, ihr Lebensraum muss vor weißen Eindringlingen und Behörden geschützt werden.

Aus eigener Kraft schaffen sie das nicht. Sie sind Minderheiten und bei den Militärs gilt nur das eine: das Gesetz des Stärkeren. Im CIMI sind schließlich nach und nach mehrere hundert Missionarinnen und Missionare engagiert tätig geworden.

Im Jahr 1984 ist es eine unserer Aufgaben, die Arbeit vom CIMI in Bild und Ton festzuhalten. Wir unternehmen dafür zu zweit mehrmonatige Reisen mit Unterbrechungen in verschiedene vom CIMI betreute *Indígena*-Gebiete. Mit mir an „Bord" ist Mura (João Cesar Muraroto). Zuerst geht es zu der Laienmissionarin Rosa Maria Monteiro, die seit ein paar Jahren bei dem Volk der *Kulina* im Bundesland *Acre* lebt, bereits sehr gut ihre Sprache beherrscht und sich auf erstaunenswerte Weise in das Dorfleben, die Kultur und Religion integriert hat. Wir mussten auf der Reise zu ihr mehrere Tage mit dem Geländewagen und etlichen Ersatzkanistern voller Diesel bis nach *Rio Branco*, der Hauptstadt von *Acre*, eine Strecke von knapp 4000 Kilometern, fahren. Dort lassen wir unseren Wagen am Haus des Bischofs Moacyr Grechi, einem sehr engagierten Mann in allen *Indígena-* und Landfragen. Er selbst hatte den CIMI und auch die CPT mit gegründet und war damals vorstehender Bischof einer der acht Pastorallinien innerhalb der CNBB. Sein Wahlspruch als Bischof lautete: „Der Letzte von allen und der Diener aller."

Nach einer Übernachtung bei ihm bringt uns ein Kleinflugzeug weiter über mehrere Flüsse, die alle in den Amazonas fließen, bis hin zum Fluss *Juruá*, der in Peru entspringt und auch in den Amazonas mündet. Von dort geht es zwei Tage flussabwärts mit einem kleinen Boot und einem erfahrenen einheimischen Bootsfahrer mit einer Übernachtung auf einem der vielen schönen heißen Sandstrände. Zu unserem spärlichen Proviant überrascht uns unser Fahrer zum Abendessen mit einem selbst gefangenen *Jacaré* auf dem Grill. Die Hängematten werden in einer Reihe hintereinander befestigt, miteinander verbunden und an den Verbindungsstellen jeweils durch stabile Gabeln aus Holz gehalten und an den beiden äußeren Enden im Sand verankert.

Am nächsten Tag irgendwann ist es dann soweit. Dutzende *Indígena*-Kinder spielen und schwimmen im Fluss. Oberhalb des steilen Ufers liegt das Dorf der *Kulina*. Rosa Maria Monteiro ist unter den vielen Frauen, die bald am Ufer erscheinen. Sie hatten wohl das Tuckern des Bootes gehört. Die Männer arbeiten, besorgen Essen, bessern die Häuser aus. Alle im Dorf wissen um unseren Besuch. Vorgesehen waren für uns etwa 14 Tage, wohl wissend, dass spätestens dann alle Akkus der Kamera leer sein würden. Auflademöglichkeiten gibt es nicht. Doch dann müssen wir noch eine Woche dran hängen, weil einfach kein Boot vorbeikommen will, das uns wieder mit zurück nimmt.

Für mich ist alles im Alltag der *Kulinas* beeindruckend, vor allem die Tatsache, dass Rosa, diese junge Frau mit ihren vielleicht 30 Jahren, es fertig bringt, mit diesen Menschen ihr Leben zu teilen. Alles mag romantisch aussehen und klingen, ist aber in Wirklichkeit ein Leben voller Entbehrungen. Die Gastfreundschaft und die Dankbarkeit dieser Menschen gegenüber Rosa ist groß. Sie kann sich perfekt mit den Menschen unterhalten, spricht inzwischen fließend ihre Sprache und führt ein Leben wie die *Kulina*-Frauen. Einen Großteil des Tages wird Baumwolle zu Garn gesponnen: Sitzend werden die langen Spindeln mit der rechten Hand am Oberschenkel in Richtung Knie zum Drehen gebracht und mit der linken Hand zupft man gleichzeitig die Baumwollknöllchen auseinander. Aus dem Garn entstehen Hängematten. Bei der Arbeit wird gesungen, gesungen, gesungen, melancholisch, einprägsam...

Rosa erklärt allen Dorfbewohnern die bedrohliche Situation für ihr Land und wie sich die Großgrundbesitzer und die Kautschuk-Sucher immer näher an ihre Siedlungen heranwagen, ohne dass sie irgendwelche Rechte außer dem des Stärkeren hätten. Und sie setzt sich für die *Kulina* ein, unermüdlich wo sie nur kann. Sie will diesbezüglich mit den staatlichen Stellen vermitteln. (Ein Jahr später treffen wir Rosa wieder im Innenministerium in Brasilia, darüber später). Wie könnte jemand seinen Glauben an einen liebenden Gott besser leben und bezeugen als Rosa. Ohne große Worte, ohne Katechismus, nur durch ihr Leben und Handeln. Rosa erzählt uns von den Großtaten dieser Menschen, wie sie untereinander und füreinander leben und sorgen. Alle werden mit einbezogen, sind Teil eines Ganzen. Dahinein wird auch Rosa mitgenommen und als Mitglied des Stammes verstanden.

Ich suche im Internet und finde unter „Rosa Maria Monteiro Kulina CIMI" einen Artikel von Fabiane Borges und Verenilde Santos aus dem Jahre 2008 mit der Überschrift: „Rosa Mitô". Da ist zu lesen, dass das Volk der *Kulina* ihre *Rosa* stets als Mythos bezeichnet habe:

> „Am Beispiel *Rosa* ist es möglich, jene Personen zu beschreiben und ganz spezifisch jene Frauen, welche anonym blieben und doch den stärksten politischen Einfluss ausübten, damit 250 indigene Völker in Brasilien überleben konnten ... Im Kontext der Ausrottung dieser Völker geschah es, dass junge Leute wie Rosa Mitô auftraten, ihre eigene Heimat verließen, ihre Städte und Familien, um mit dem Rucksack auf den Schultern das Abenteuer zu wagen, über Flüsse hinweg, durch Wälder und Dörfer, einige davon bereits im Aussterben. ... Um zu überleben, mussten solche Missionar/innen es fertig bringen, sich in dieses ihnen radikal fremde Universum einzubringen und zu integrieren. Nur so konnten sie es langsam verstehen, erfahren, erlernen. Raum und Zeit zu verstehen, den Ursprung des Lebens und den Sinn des Todes, das war für *Rosa Mitô* nichts Zweitrangiges. Es stand an erster Stelle für sie, und nur so kann ihre tägliche Militanz ein wenig besser verstanden werden."

Mit dieser Art von „Mission" identifizierten sich immer mehr Mitglieder des CIMI, hauptsächlich „Laienmissionare", ihr Leben lang und lebten in den verschiedenen Ethnien mit ihren je wieder verschiedenen Vernetzungen, Glaubensrichtungen, Riten und Mythen.

Rosa Mitô zog mit den *Kulinas* aus, um eigenhändig die Grenzen ihres Gebietes festzulegen. Sie markierten mit selbstgefertigten Holztafeln und Warnschildern die Außengrenzen, um sich gegen Holzhändler, Großgrundbesitzer, Kautschuk-Zapfer und Goldsucher zu schützen und sie zu warnen, nicht unrechtmäßig in *Indígena*-Gebiete vorzudringen...

Wie wahr diese Art der „Neu-Evangelisierung", des Bringens der Frohbotschaft Jesu zu den indigenen Völkern ist, sollte sich etwa drei Wochen später beim Stamm der *Mỹky* zeigen. Im Bundesstaat *Mato Grosso do Norte* (Zentral-Brasilien) hat sich der Jesuitenpater Thomas Aquino Lisboa damit einverstanden gezeigt, vor der Kamera ein wenig von seiner Lebensgeschichte zu erzählen. Von der Hauptstadt des Bundesstaates *Mato Grosso do Norte*, *Cuiabá*, fuhren wir etwa 800 Kilometer auf nicht-asphaltierten Straßen zunächst bis *Brasnorte*. Dort sitze ich nach etwa 2 Tagen Fahrt abends mit meinem Begleiter Mura – müde, verschwitzt und dreckig vom vielen Staub – in einer Eckbar, um etwas zu essen und ein Bierchen zu trinken. Solche Dörfer gleichen den Bildern, die man aus dem wilden Westen kennt. Hin und wieder schleichen verdächtige Männer vorbei mit Pistolen am Gürtel, sogenannte „Pistoleiros". Sie erle(di)gen viel für wenig Geld, wenn es sein muss. Wir hatten unlängst eine Schlagzeile in einer Tageszeitung im Bundesland *Pará* gelesen:

WAS KOSTET EIN MORD?

Kopfpreis in US-Dollar: Landarbeiter 150,-; Rechtsanwalt 300,-;
Priester 500,-; Abgeordneter 1000,-

Plötzlich sitzt uns in der kleinen Bar ein Mann gegenüber, der mich immer wieder anschaut. Mir fällt das auf und ich erwidere seine Freundlichkeit. Dann fragt er: „*Padre Conrado*"? „*Sim, senhor*, das bin ich". Dann stellt sich heraus, dass er aus *Santa Helena* aus dem Bundesstaat *Paraná* kommt, einer Nachbargemeinde von *Foz do Iguaçú*, wo ich von 1972-1975 als Kaplan tätig gewesen war. Oft hatte ich damals auch in *Santa Helena* Gottesdienste übernommen. Die Menschen aus *Santa Helena* waren alle zwangsumgesiedelt worden, ihre Ländereien und Häuser enteignet, weil ihr ganzes Dorf dem damals größten Wasserstaudamm der Welt

Itaipú weichen musste. Man hatte all diesen hunderten von Familien, so erzählt uns jetzt der Mann in der Kneipe, ein neues Zuhause hier in *Mato Grosso* versprochen, mit Infrastruktur, Schulen und Straßen. Vorgefunden hätten sie allerdings nur unberührten Urwald. Also wären sie immer noch daran, was sie bereits vor 20 Jahren in *Santa Helena* gemacht hätten, als sie damals mit ihren jungen Familien aus *Rio Grande do Sul* und *Santa Catarina* auf der Suche nach Grund und Boden dorthin gezogen waren: Urwälder roden und die Böden zwischen den noch steckenden Stämmen und Wurzeln beackern. Zwischen *Santa Helena* und *Brasnorte* liegen 2000 Kilometer Luftlinie.

An so einem abgelegenen Ort spricht sich natürlich schnell herum, wenn Besuch angekommen ist, und so füllte sich die Kneipe nach und nach mit Menschen. Die Frauen erzählten, dass sie aus der Not eine Tugend gemacht hätten und sich religiös so gut, wie es möglich war, organisiert hätten und immer mal wieder (Wort-) Gottesdienste miteinander feierten. In den 4-5 Jahren, die sie nun hier seien, wäre noch nie ein Priester vorbeigekommen, um Eucharistie mit ihnen zu feiern. Ob ich denn die Heilige Messe mit ihnen feiern könne, morgen oder übermorgen. Ich sagte natürlich sofort zu. Wir blieben einen oder zwei Tage länger, und dann wurde organisiert. Frauen, die ein paar Brote backten, Männer, die den Wein auftrieben. Abgegriffene und verschlissene Bibeln waren auch genügend da, und die meisten Lieder kannten alle auswendig, vor allem die von Pater Zezinho.

Und dann erzählten sie eine unglaubliche Geschichte, die zu den „Umständen“ passte: Alle, ausnahmslos, waren glücklich und erfreut, dass endlich ein junger Mann unter ihnen, ein 16-Jähriger, den Mut gehabt hatte, den Pedrão umzubringen. Gestern sei das geschehen. In einem kleinen Supermarkt habe er ihm eine Machete in den Rücken gejagt. Pedrão war der Verwalter auf einem großen Landbesitz und heuerte immer wieder Männer aus dem Dorf an, um bei ihm zu arbeiten, mit der Aussicht auf einen guten Lohn. Immer wenn es dann am Monatsende zur „Auszahlung“

kommen sollte, gab er ihnen zuallererst einmal ein „Schnäpschen“. Die Männer kippten um. Er verscharrte sie in einem Massengrab und holte sich ein paar neue Männer für den nächsten Monat. Die Gehälter steckte er selbst ein. Insgesamt seien schon 50 Männer verschwunden. Ihre Frauen und Kinder blieben lange im Ungewissen, saßen zuhause und weinten. Nun also diese Selbstjustiz durch den 16-jährigen jungen Mann.

Anderntags kam eine riesige Menschenmenge zur Heiligen Messe zusammen. Es mögen 500 gewesen sein. Wir beteten viel und inbrünstig, auch für Pedrão und den jungen 16-Jährigen. „Wem ihr die Sünden vergebt...“. Jesus hätte mit Sicherheit Mitleid mit dieser Menschenmenge und ihren Lebensumständen gehabt. So ließen wir uns von ihm leiten. In so einem Elend und Wirrwarr der Gefühle ist nur er es, der heilen kann, war er doch auf die Erde gekommen, um zu heilen und zu trösten. Und sich ihm anzuvertrauen, fällt den armen und verfolgten Menschen nicht schwer. Und es fällt ihnen auch nicht schwer, dem Pedrão zu vergeben und für ihn zu beten, wenn auch unter allzu viel Schluchzen und Tränen. Auch die Opferfamilien wissen, was sich um sie herum abspielt und wie die kaputte Welt geheilt werden muss. Wir können mit ihnen und von ihnen lernen. Die Eucharistiefeier ist etwas Wunderbares, etwas Einendes. Man kann sich anlehnen und stützen. Und wir teilten die konsekrierten Brote miteinander, so dass alle davon bekamen und satt wurden und Gott dankten.

Nach der Kommunion bat ich, es möge doch der eine oder die andere – Mann, Frau – nach vorne kommen und kurz erzählen, was ihnen auf dem Herzen liege, in Fürbitte gefasst oder auch nur zum Nachdenken und Verinnerlichen. Und so kam auch das Thema auf, dass es dort in der Gegend viele indigene Gebiete gäbe, und niemand kenne genau deren Grenzen. Es gäbe bei Grenzübertritten oft viele Konflikte mit Verletzten und sogar Toten. Also würden sie, die Kleinbauern, an die vorderste Front geschickt, um Fakten für politische Regelungen zu schaffen. Kleine gegen Kleine. Sie würden doch nur ausgenutzt, um Wälder zu roden. Wenn alles wieder so weit sei, dass sie ihre Familien vom eigenen Grund und Boden ernähren könnten, würde sowieso alles wieder von den Großen aufgekauft und sie müssten wiederum sehen, wo sie bleiben. So sei die Situation in Brasilien nun einmal.

Nach der Messe tauften wir dann noch viele Kinder und Jugendliche. Sie sind in keiner Taufstatistik einer Gemeinde eingetragen, nur in Gottes Herzen. Für Eltern und Angehörige und auch für mich und meinen Ton-Mann Mura waren es glückliche Stunden. Nach allem Erlebten war ich auch jetzt wieder überzeugt, dass die Eucharistie und Sakramente in die Hände gläubig suchender Menschen und Gemeinden gehören. Sie sind christlich orientiert und haben die Botschaft Jesu bestens verstanden. „Tut dies immer, wenn ihr es tut, zu meinem Gedächtnis", „Ich bin doch mitten unter euch", „Wem ihr die Sünden vergebt, dem sind sie vergeben!" Immer redet Jesus im Plural.

Wir bleiben noch eine weitere Nacht in *Brasnorte*, bevor wir uns dann auf den Weg nach *Utiariti* machen, über etwa 250-300 Kilometer unbefestigte Straßen, eine ganze Tagesreise, um uns mit dem Jesuitenpater Thomaz de Aquino Lisbôa zu treffen. Er erzählt in die Kamera:

> „Wie alle katholischen Missionsorden unter den indigenen Völkern Brasiliens in den Vor-Konzilsjahren war auch ich mit einigen meiner Mitbrüder aus dem Jesuitenorden mit dem einzigen Auftrag hierhin gekommen, zu christianisieren und zu missionieren. Noch 1962, im Jahr als das Zweite Vatikanische Konzil begann, war ich der verantwortliche Erzieher für 35 Jungen aus verschiedenen Ethnien, im Alter von 7 bis 12 Jahren, die von ihren Eltern und Familien getrennt, hier im kleinen Seminar wohnten."

Jetzt, gut 20 Jahre später, begleiten wir Pater Thomaz an seine ehemaligen und jetzigen Wirkungsstätten. Wir machen Interviews für den Film „*Boa Nova dos povos indígenas*" (Frohbotschaft der *Indígena*-Völker).

Wo wir jetzt hinblicken, sehen wir in *Utiariti* nur noch Ruinen, lose beschädigte Wellblechdächer, kleine Bäume, die bereits aus dem alten Gemäuer herauswachsen, all die verrosteten Maschinen. Ich entsinne mich in diesem Zusammenhang, wie ich damals bei einem Deutschlandaufenthalt in unserer Missionsprokur St. Augustin von diesem Filmprojekt erzählte und der Verantwortliche in der Steyler Missionsbank mich zurechtweist: „Das kannst Du hier nicht öffentlich machen. Wie sollen wir den vielen Geldspendern vermitteln, dass das alles falsch war und dass jetzt plötzlich anders gedacht wird. Dann bekommen wir doch nie mehr Geld...?“

In abenteuerlichen Fahrten durch die Urwälder mit ihren feuchtnassen rutschigen Wegen wollte uns Thomaz anderntags mitnehmen zum Stamm der *Mỹky*, wo auch er selbst jetzt wohnte, inzwischen als Mitglied im Stamm aufgenommen. Die Nacht war hereingebrochen und wir waren in einem Schlammloch stecken geblieben. Eine ganze Nacht verbrachte ich mitten im Urwald allein in unserem Geländewagen. Mura war mit Thomaz zu Fuß weitergegangen, weil nach den Angaben von Thomaz „ein paar Kilometer weiter“ ein *Fazendeiro* wohne. Den würde er kennen und der habe einen Traktor, um uns da wieder herauszuziehen. Also zogen die beiden los und ich versuchte in dem Wagen mit Sauna-Temperaturen zu schlafen. Mit geschlossenen Fenstern wegen offensichtlicher Schlangengefahr. Bis irgendwann um Mitternacht ein LKW aus der Gegenrichtung kam und natürlich nicht an mir vorbei konnte. Auf seiner Ladefläche waren ein dutzend starke Männer, mit Hilfe derer alle Probleme bald gelöst waren. Und dann fuhr ich alleine weiter, vielleicht eine Stunde, bis ich die beiden einholte und wieder einsteigen ließ. Irgendwann kamen wir danach an der *Fazenda* vorbei, die nach Thomaz‘ Angaben angeblich einen starken Traktor hatte.

Dass Thomaz bereits ein *Mỹky* geworden war und dazu gehörte, stellten wir dann bald fest, und so waren auch wir in seiner Begleitung gern gesehene Gäste. Wir blieben etwa zwei Wochen und konnten an vielem teilhaben: an der Jagd, am Fischfang, an den Tänzen und Riten. Fische werden gefangen, indem die jungen Männer in das kristallklare Flusswasser, in dem die Fische mit den

Augen zu sehen sind, wie sie am Boden oder in den Verstecken der Gesteine stehen, tauchen und sich die Fische mit den bloßen Händen holen. Es ist paradiesisch! Scheinbar haben die Fische keine Angst vor größeren „Fischen", die auch unter Wasser schwimmen.

Einmal pro Woche in einer bestimmten Nacht findet im Dorf ein rituelles Weinen statt. Vor dem Einschlafen, etwa ab 10 Uhr abends, beginnt in irgendeiner Ecke der *Maloca* oder auch in einem der kleineren Häuser rundum irgendjemand, einen weinerlichen Ton anzustimmen. Nach und nach gerät dieses „Jammern" in Schwingungen und schlägt „Wellen" bis in die Morgenfrühe hinein. Es ist die Nacht des Weinens um die Verstorbenen und des Sich-Vereinens mit den Vorfahren. Dieses Weinen kann auch hin und wieder mit Worten und Sätzen vermischt sein. Es ist wunderbar harmonisch in einer Nacht, mitten in der Natur, im Einklang mit den Stimmern von Fröschen und Grillen. Geheimnisvoll schön muten uns diese harmonischen und gar nicht enden wollenden Gesänge an. Die Einheit mit den Verstorbenen wird fühlbar, glaub-bar. Wir selbst werden ein wenig christlicher an solchen Tagen, in solchen Nächten, ein wenig gläubiger und nachdenklicher. Pater Thomaz spricht viel über Gottes Wirken und Anwesenheit in diesen Kulturen.

Bei einem Tanz auf dem Dorfplatz erzählt uns der Jesuit viel über die Mythen und den Sinn der Tänze und Riten. All das schmiede das Volk zusammen. Er selbst, den Körper bemalt so wie die *Mỹky*, steckt sich vor der Kamera die *Xerete* (eine lange sehr bunte Papageienfeder) in seine durchlöcherte Nasenscheidewand.

Wir begegnen mitten unter den *Mỹky* an einer Feuerstelle auch ganz überraschend einer Ordensfrau, der Sacre Coeur-Schwester Elisabeth Rondon Amarante. Sie sieht eher wie eine *Mỹky*-Frau als eine Ordensfrau aus. Daher war sie uns bis dahin noch gar nicht aufgefallen. Auch sie geht den Weg der Inkulturation. Bei ihr liegt es vielleicht in den „Genen", dieses radikal andere Leben aus Liebe zu den Liebenswerten zu führen. Sie stammt aus der Familie des in Brasilien bekannten Marschalls Cândido Rondon, der von 1865 bis 1958 in *Rio de Janeiro* lebte. Er war ein brasilianischer Armeeangehöriger, Ingenieur und Abenteurer und wurde vor allem durch seine Erforschung des westlichen Amazonasbeckens sowie sein Engagement für die indigene Bevölkerung Brasiliens bekannt. 1910 war es dieser Rondon, der die bereits erwähnte FUNAI, die *Fundação Nacional do Índio*, eine staatliche Organisation zum Schutz der indigenen Völker Brasiliens, gründete. Rondon war bis 1930 zugleich der erste Vorsitzende der Stiftung. Jetzt begegnen wir also seiner Nichte, einer Ordensfrau, die nach den neuen Richtlinien der brasilianischen Bischofskonferenz als Mitglied des CIMI ihr Leben mit den *Mỹky* teilt. Hier lebt sie seit 1980. Doch bereits seit 10 Jahren steht sie in ständigem Kontakt und lernt auch die Sprache der *Mỹky*. Sie ist Mit-Autorin eines Wörterbuches Mỹky-Portugiesisch, Portugiesisch-Mỹky.

Schwester Elisabeth erzählt uns, dass im Vorjahr das Thema der Indio-Woche „Land bedeutet Leben" gewesen sei. Da habe sie das den *Mỹky* übersetzen wollen. Das Wort „Leben" existiert jedoch nicht in der *Mỹky*-Sprache. Wenn sie das ausdrücken wollen, gebrauchen sie ein Wort, das übersetzt heißt: „Zusammenwohnen", „Miteinander-Teilen".

Während uns Schwester Elisabeth Rondon vieles aus ihrem Leben erzählt, klettert ein kleines Kerlchen, das gerade seine ersten Schritte tut, auf ihren Schoß und will sich unbedingt ein Baumwollbüschel in den Mund stecken. Eine Henne mit kleinen Küken stört die Tonaufnahmen und die Frau in der Hängematte nebenan steckt einem Papagei eine Nuss in den Schnabel.

In meinem Weihnachtsbrief 1984 schickte ich dieses Bild meinen Freunden und Verwandten in Deutschland und schmunzele jetzt, wenn ich in den Briefen von damals lese:

> „Oft werden wir gefragt: ‚Sind sie schon gezähmt? Sind sie schon zivilisiert?' Dann stelle ich gerne die Gegenfrage: ‚Ist die zivilisierte Welt schon gezähmt und zivilisiert?' ... Oder: ‚Warum braucht der Indio so viel Land'? Auch da die Gegenfrage: ‚Warum braucht

> eine einzige Familie der Weißen so unvorstellbar viel Land? Wie ist es möglich, dass eine einzige Familie, nur weil sie Ansehen und Geld hat, gegen 1200 Indianerfamilien Recht bekommt und diese von ihrem Land vertreibt, wie kürzlich im Süden Mato Grossos? Wir erleben hier einen sehr ungleichen Kampf. Zum Glück hat die Kirche eine klare Option gemacht, immer für die Schwächeren'. Die Parteiergreifung für die Armen wurde Gott sei Dank zu einer immer klarer werdenden Frohbotschaft. Die brasilianischen Bischöfe schrieben unlängst: ‚Gott sei Dank haben wir eingesehen, dass wir nicht zwei Herren dienen können. Aus diesem Grunde haben wir in den vergangenen Jahren vielen Reichen unseres Landes vor den Kopf gestoßen. Sie wenden sich jetzt gegen die Kirche. Wir stehen auf der Seite der Armen und Unterdrückten; das ist unsere Aufgabe als Christen'."

Für unseren angedachten und halb fertigen Film „Frohbotschaft der indigenen Völker" besuchten wir ein Jahr später einen dritten *Indígena*-Stamm in der Diözese von Bischof *Pedro Casaldáliga* in *São Félix do Araguaia*. Der Bischof gilt als der unerschrockene Anwalt und Verteidiger der Indios. Pedro selbst hatte uns gebeten, die dort seit 1952 bei den *Tapirapé-Indígena* lebende französische Missionarin Schwester Genoveva zu besuchen und ihr Leben zu dokumentieren. Sie gehört dem Orden der kleinen Schwestern von Charles de Foucauld an und zählt zu den Pionierinnen der Inkulturationstheologie des Indianermissionsrates CIMI, bei dessen Gründung 1972 sie bereits 20 Jahre Erfahrung eines inkulturierten Lebens in das neue „Unternehmen" einbringen konnte. Die *Tapirapé-Indígena* nennen sie kurz *Veva*. Sie war in Brasilien bekannt geworden als die Geburtshelferin der *Tapirapé*. Was war geschehen?

Die Tapirapé waren vom Aussterben bedroht. Von ursprünglich 1500 Mitgliedern waren nur noch 47 am Leben. Grund dafür waren die durch die Weißen eingeschleppten Krankheiten, und es gab kaum noch Frauen. Die französischen Dominikaner-Missionare, die im Gebiet des *Araguaia* tätig waren, hatten die Charles de Foucauld-Schwestern auf die schlimme Situation der *Tapirapé* hingewiesen. So zogen mehrere Schwestern dorthin. Einige hielten es nicht lange aus und kehrten zurück. Veva blieb. Bei ihrer Ankunft hatte sie den Häuptling Marcos klagen hören:

„*Tapirapés* wird es bald nicht mehr geben. Die Weißen richten uns zugrunde.

Land ist begehrt und wertvoll. Jagd ist begehrt und wertvoll.

Fische sind begehrt und wertvoll.

Nur Indio will niemand und ist nicht wertvoll."

Für die Schwestern wird bald klar: wir wollen nicht bekehren, wir wollen einem Volk in der Agonie zur Seite stehen. Sie bitten um Aufnahme in die Dorfgemeinschaft der *Tapirapé* und

> „beginnen, das Evangelium der Geschwisterlichkeit zu leben, bei der gemeinsamen Arbeit auf dem Acker, im Kampf um Jagdbeute und das tägliche Maniok, beim Erlernen ihrer Sprache, einschließlich ihrer Religion und ihrer Riten, in einem solidarischen Miteinander ohne Rückkehr. Im Laufe der Zeit werden die Schwestern als vollwertige Stammesmitglieder angenommen. Das Selbstwertbewusstsein der Tapirapé kehrt zurück. Später ermöglichen die Schwestern es, dass die Tapirapé-Männer von den benachbarten Karajá einige Frauen heiraten. So garantieren sie ein langsames Wiederanwachsen des Volkes. Von 47 steigt die Einwohnerzahl des Dorfes wieder auf 520. Nach nunmehr 50 Jahren Zusammenleben mit den Tapirapé bekehrten und tauften sie nicht ein einziges Stammesmitglied. Doch es ist ihnen viel mehr als das gelungen: sie wurden zu Geburtshelferinnen eines Volkes, im Lichte jenes Mannes aus Nazareth, der seine eigene Mission verstanden hatte als ‚Bringer des Lebens, des Lebens in Fülle'".

Während Schwester Veva zusammen mit einem *Tapirapé*-Mädchen rhythmisch abwechselnd mit Holzpflöcken stampfend die Maiskörner in einem ausgehöhlten Baumstamm zermalt, spricht Leonardo Boff den Kommentar in unserem Film:

> „Evangelisieren heißt nicht, die christliche Welt zu expandieren. Es heißt vielmehr, geschwisterlich zusammenzuleben, die Arbeit gemeinsam zu tun, das Leben des anderen mit zu übernehmen, seine Kultur, die den Samen der ewigen Wahrheit in sich birgt, aufzuwerten. Evangelisieren heißt leben, leiden, lachen, arbeiten,

> sterben in der Welt des anderen, um so zusammen mit diesem anderen das Heil zu finden."

Schwester Veva stirbt am 24. September 2013 im Dorf der *Tapirapé* am *Araguaia*-Fluss in Brasilien. Rückblickend wird erkennbar, wie extrem neue Wege der Evangelisierung hier gegangen wurden. Das Übliche wäre gewesen: die explizite Verkündigung des Evangeliums und damit verbunden die Verkündigung der Zivilisation und Kultur der Weißen und eventuell sogar der Bau einer Kirche und Schule. Das wäre, wie gewohnt, „die Evangelisierung über den Weg der Macht", so sagt Leonardo Boff in seinem Interview. Schwester Veva jedoch ging neue Wege des Zusammenlebens, der Hochachtung vor der Religion und Kultur des *Tapirapé*-Volkes. Sie wurde Mensch unter diesen Menschen, ähnlich wie Jesus Mensch wurde unter konkreten Menschen. Das ist „die Macht des Evangeliums", so Leonardo.

Genau 61 Jahre teilte Veva ihr Leben mit den *Tapirapé*. Über ihren Tod und die Bestattung erhielt ich einen Bericht von Canuto, einem alten Bekannten und Freund aus *São Félix do Araguaia*, ehemals als Priester-, jetzt noch mehr als „Ex"-Priester zusammen mit seiner Frau in der Diözese tätig und verantwortlich für die Landpastoral:

> „Die *Tapirapé* bestanden darauf, Veva gemäß ihren eigenen Sitten und Riten zu beerdigen, so als sei eine Tapirapé-Frau gestorben. Die Trauergesänge zum Rhythmus der auf den Boden stampfenden tanzenden Füße dauerten sehr lange, sie zogen sich durch die ganze Nacht hindurch und auch noch durch den ganzen folgenden Tag. Viel Klagen und Weinen war zu hören. Nach dem Ritual der Tapirapé wurde sie dann in der Hütte beerdigt, in der sie gewohnt hatte. Man hob ein tiefes Grab aus, immer begleitet durch rituelle Gesänge. Etwa 40 cm von der Oberkante des Grabes wurden jeweils an Kopf- und Fußende Balken angebracht, woran man die Hängematte befestigte, in der Veva lag. Es war, als würde sie darin schlafen. Die Balken wurden mit Brettern und mit Geflecht verbunden, um alles schließlich mit Erde zu bedecken. Die Erde wurde von den Frauen gesiebt, so wie es Tradition ist. Am folgenden Tag wurde die Erde mit Wasser befeuchtet, so dass sie ganz fest und hart wurde. Immer alles begleitet mit rituellen Gesängen. So liegt Schwester *Genoveva* gebettet für ihren ewigen Schlaf in

der Hängematte, in der sie in ihrem langen Leben immer geschlafen hatte, mitten unter jenen Menschen, die sie als ihr Volk erwählt hatte. Um die Zeremonien zu beenden, sprach noch der *Cacique*. Er sagt, dass die *Tapirapé* alle sehr traurig sind wegen des Todes von *Veva* und hebt den Respekt hervor, mit dem sein Volk immer während der langen 60 Jahre von der Schwester behandelt worden sei. Er bekräftigt, dass die Tapirapé ihr Überleben den kleinen Schwestern von Charles de Foucauld schulden, denn bei ihrer Ankunft seien sie nur noch wenige gewese, und jetzt schon annähernd tausend."

Seit 1980 arbeiteten und lebten auch zwei Laienmissionare des CIMI mit Schwester *Genoveva* und den *Tapirapé* zusammen, das junge Ehepaar aus Südbrasilien Eunice Dias de Paula und Luiz Gouvêa de Paula. Sie gründeten eine bilinguale Schule, um die Kinder auf das Erwachsenenleben und die Begegnungen mit der sie umgebenden Welt der Weißen vorzubereiten. Dabei darf das Wort „Schule" nicht als koloniales Vermächtnis und etwas von weißen „Besserwissern" Übergestülptes verstanden werden. Im Vordergrund stehen die Werte der *Tapirapé*-Kultur, ihre Mythen und Riten, die erforscht und weitergegeben werden. Wir filmten ein Kasperle-Theater, bei dem die Kinder – neben Lachen und Scherzen – möglichst zu Themen aus ihrer eigenen Lebenswelt antworten sollen. Auch beim Volk der *Tapirapé* erlebten wir viele rituelle Tänze und rituelles Weinen. Die Männer verkleiden sich wie „Strohmenschen", ganz eingehüllt in „Kleider" aus langem Stroh, mit bunten *Arara*-Federn auf dem Kopf. Sie tanzen ihre Riten zu verschiedenen Anlässen während des Jahres, wie Neujahr, Erntedank, Geburt und Tod. Das alles bildet den Ausgangspunkt für die schulischen Inhalte, die mit den Kindern reflektiert werden. *Eunice* und *Luiz* bekommen selbst auch einen kleinen Sohn im Dorf der *Tapirapé* und nennen ihn *Wanpurã*. Er wächst mit den *Tapirapé*-Kindern auf, spielt mit ihnen wie ein Kind unter Kindern. Später studiert er Jura und ist jetzt als Rechtsanwalt für den CIMI brasilienweit tätig. Wer wäre geeigneter als *Wanpurã*, um diejenigen zu verteidigen, bei denen er groß werden durfte, die er von klein an lieben lernte und mit denen er sich identifiziert.

Und wer wäre geeigneter als seine Eltern, als all diese Missionare vom CIMI, um Frohe Botschaft den indigenen Völkern zu bringen?

In den Ministerien der Hauptstadt Brasilia

Ab 1985, nach dem Ende der Militärdiktatur und mit Beginn der *Nova República Brasil*, beginnen die Kämpfe der indigenen Völker, um ihre Rechte in die neue Staatsverfassung einzubringen. Ihr Kampf wird aktiv gefördert und rechtlich begleitet durch den *Indígena*-Missionsrat der Kirche, CIMI, und dessen Rechtsanwälte. Wir verfolgen viele Aktionen der Indio-Völker in den zuständigen Ministerien mit unseren Kameras. Neben anderen Vertretern vom CIMI treffen wir auch Pater Thomaz Lisbôa von den *Mỹky* und die Laienmissionarin Rosa Mitô von den *Kulinas* wieder. Ronaldo Costa Couto ist der erste Innenminister der *Nova República Brasil* nach der Militärdiktatur und verkörpert so viele Hoffnungen, die die Indios in die neue Regierung setzen. Scheu, schüchtern, eher ängstlich stehen sie da, die an sich so stolzen Indianerhäuptlinge verschiedener Ethnien. Aber sie wurden schon zu viel in ihrem Leben und in ihrem Engagement für das eigene Volk enttäuscht. Es gab bereits zu viel Verachtung und Tod. Mit zitternder Stimme erzählten sie dem Herrn Minister ihre Leidensgeschichten. Der Herr Minister nickte immer wieder verständnisvoll und mitleidig mit dem Kopf (wohl auch, weil die Kameras alles dokumentieren):

> - „Ich bin hier, um den Herrn Doktor auf uns aufmerksam zu machen. Wir sind arm dran und haben unser ganzes Land verloren. Und alle unsere Papiere haben wir schon vor drei Jahren bei der staatlichen Indianerstelle Funai abgegeben, aber die Funai hat bis jetzt noch nichts entschieden. Wir warten und warten."

> - „Wir sind jetzt schon 14 Tage hier in Brasilia und sind dem Herrn Doktor dankbar, dass er uns heute anhört. Die Funai und das Innenministerium haben sich versammelt und wollen endlich unser Problem lösen..."

> - „Man hat uns damals versprochen: beruhigt euch, in zwei Wochen ist alles erledigt. Wir haben das geglaubt und uns kindlich gefreut. Aber wir sind bis heute an der Nase herumgeführt worden."

Man merkte, wie sie sich gegenseitig Mut machten, und dann trat der brasilienweit sehr bekannte Häuptling Raoni vom Stamm der *Caiapó* auf. Eine stattliche Figur mit einem runden aus Brasil-Holz geschnitzten und polierten Lippenteller von knapp zehn Zentimeter Durchmesser in der weit ausgedehnten Unterlippe. Tags zuvor hatte ich ihn in der nur etwa 200 Meter Luftlinie vom Gebäude des Innenministeriums entfernten Zentrale der Bischofskonferenz gesehen, wie er den ganzen Nachmittag mit dem damaligen Generalsekretär der CNBB, Dom Luciano Mendes des Almeida, zusammensaß. Und nun trat er an höchster Regierungsstelle auf:

> „Ich frage mich, warum respektiert uns der weiße Mann nicht? Warum lässt uns der Weiße das Fleckchen Erde nicht? Es gehört uns doch. Warum werden wir ständig vertrieben von unserer Erde? Warum fragt man uns nicht? Uns, die Eigentümer? Warum bittet der Weiße nicht um unsere Erlaubnis? Endlich wurde die Idee zur Wirklichkeit, uns zusammenzuschließen und gemeinsam vorzugehen. Unsere Vereinigung dient dem alleinigen Zweck, eine Lösung für das schwerwiegende Problem zu suchen, das uns Indios in Brasilien beschäftigt, die Demarkation und Umgrenzung unserer Gebiete. Die FUNAI und unsere Regierung werden sich nie ändern. Den Glauben an die Regierung haben wir verloren. Weil regieren werden immer nur die Weißen. Und unsere Gedanken sind so verschieden, soweit voneinander entfernt. Jetzt aber wird uns die Kirche helfen. Die Kirche kämpft auf unserer Seite. Wir Indianerstämme werden uns vereinen. Wir werden uns zusammenschließen und gegenseitig aufeinander hören, damit wir stark werden."

Der erste Präsident der *Nova República* war zu dieser Zeit José Sarney, einer der größten Landbesitzer Brasiliens, dessen Familie zu den alten, seit 500 Jahren herrschenden Oligarchien des Landes gehörte. In seine Amtszeit fiel die Verabschiedung einer neuen Staatsverfassung im Jahre 1988. Doch bis dahin waren noch viele

Hindernisse zu überwinden. Der Jesuitenpater Thomaz Lisbôa stand vor dem Regierungsgebäude und erzählte uns:

> „Den Indios bei der Sicherung ihres Landes zu helfen, ist heute eine Hauptaufgabe von uns Missionaren, Seite an Seite mit dieser Bevölkerungsgruppe. Wir versuchen gemeinsam, die Bedingungen zu schaffen, die ein Überleben garantieren. Lebensbedingungen, die den Fortbestand eines einmaligen Kulturreichtums ermöglichen."

Ohne verbriefte Rechte auf ihre Lebensräume unterliegen die Indios der Willkür des Stärkeren, sind sie in den Augen von Großgrundbesitzern und Industrieunternehmen Freiwild. So sagte ein Großgrundbesitzer vor laufender Kamera:

> „Ich verbiete jedem Indio, auf meinem Besitz zu angeln. Er soll es wagen, auch nur einen Fuß in meine Schnapsfabrik zu setzen. Ein Indio betritt nicht mein Haus, und auf der Straße hat er mir den nötigen Respekt zu zollen. Den gleichen Fußtritt, den gleichen Knüppel, den ich einem Hund gebe, gebe ich auch einem Indio, wenn ich ihn sehe."

Wenn wir mehr über die Anfänge der Kolonisierung durch Spanier und Portugiesen wissen wollen und wie ganz zu Beginn die Indianer behandelt wurden, geben uns die Tagebücher von Bartolomé de Las Casas Auskunft: Die weißen Eroberer behandelten die Urbevölkerung unmenschlich und zweifelten sogar daran, ob es sich um menschliche Geschöpfe handelte. Die Spanier schleppten sie angekettet auf ihren tagelangen Reisen mit und warfen sie ihren Hunden als Futter vor. Nach blutigen Gemetzel der Spanier in Mexiko soll ein Azteke gesagt haben: „In den Himmel, den ihr uns predigt, möchten wir nicht, wenn auch ihr da drinnen seid." Brasiliens Indianer bewohnten seit mehr als 15.000 Jahren dieses Land, als vor 500 Jahren, am 22. April 1500, der portugiesische Seefahrer Pedro Álvares Cabral glaubte, es für sich und die Krone „entdeckt" zu haben. Die neue Welt, der ganze Kontinent, war bereits von Papst Alexander VI. unter den Spaniern und Portugiesen mit dem Auftrag einer konsequenten Bekehrung der Einheimischen zum Katholizismus aufgeteilt worden.

Um 1500 gab es schätzungsweise sechs Millionen *Indígenas* im neuentdeckten Land. Heute leben noch etwa 300.000. Von den damals 970 Völkern mit all ihrem Reichtum an Sprachen, Kulturen und Religionen, gibt es heute nur noch 215. Mehr als 700 Völker wurden in 500 Jahren gänzlich ausgerottet. Kolonisierung und Evangelisierung des südamerikanischen Kontinentes gingen also mit so vielen Völkermorden einher. Heute trägt immer noch ein Großteil der Indianergebiete den Status „Niemandsland". Dieser Zustand zwingt die Indios dazu, weite Reisen bis in die Hauptstadt *Brasilia* anzutreten, um dort von den zuständigen Regierungsstellen die Rechtmäßigkeit ihres Landbesitzes zu erbetteln.

Auch Bischof Dom Luciano lässt die Indianer in ihrem Kampf um eigenes Land nicht alleine. Immer wieder treten er als Generalsekretär und auch Dom Ivo Lorscheiter als Vorsitzender der Bischofskonferenz bei den zuständigen Behörden auf, wenn es nötig ist. Während der deutschstämmige Lorscheiter von Hause aus eher besonnen bleibt, aber immer Klartext redet, nie ausweicht und wegen seiner größeren Körperfigur imponiert, ist sein Generalsekretär, der Weihbischof von *São Paulo* und Jesuit Dom Luciano Mendes de Almeida, eher als ein gütiger Mann bekannt, stets freundlich und zuvorkommend, typisch brasilianisch eben. Doch jetzt vor den versammelten Abgeordneten in *São Paulo* wird auch er nervös, fast wütend, wie man ihn sonst gar nicht kennt. Ein heiliger Zorn geht mit ihm durch und er hebt den Zeigefinger gegen die anwesenden Politiker, meist selbst Großgrundbesitzer. Er wird immer lauter in seinen Anklagen:

> „Wenn wir von den Rechten sprechen, die der Indio auf seine Kultur und sein Land hat, meine Herren Abgeordneten, dann möchten wir das so verstanden wissen, dass der Indio der Allerletzte ist, der von seinem Land weichen muss! Solange Erzvorhaben in anderen Gebieten zu finden sind, müssen wir erst dort mit dem Abbau beginnen. Und wenn sonst nirgendwo mehr was zu finden ist als auf Indianerland, dann bin ich sicher, wird der Indio mit sich sprechen lassen. Wenn wir aber aus reiner Gier und Habsucht beginnen, die Ländereien der Indios zu plündern und aus-

> zubeuten, nur weil diese Menschen sich nicht gegen uns wehren können… Ich möchte mal sehen, was passieren würde, wenn man ohne zu fragen mit dem Erzabbau auf den Ländereien eines reichen Großgrundbesitzers im Bundesland São Paulo beginnen würde. Das möchte ich mal sehen!“

Die jetzt in der neuen Staatsverfassung von 1988 verankerten Rechte beziehen sich auf wesentlich zwei Punkte: Erstens das Recht der Indios auf ihre eigenen Kulturen und Religionen. Sie sollen nicht mehr gezwungen werden, sich in die Gesellschaft der Weißen zu integrieren. Zweitens die Rechte auf ihre Ländereien, die sie bereits vor der Zeit der Ankunft der Weißen besaßen. Es wird anerkannt, dass diese Völker die ersten und eigentlichen Besitzer des Landes sind und weiterhin ihre eigenen sozialen Organisationen, Sitten, Sprachen, Glauben und Traditionen beibehalten können. Entsprechend ist der Staat dafür verantwortlich, das alles zu verteidigen, die Ländereien zu demarkieren, zu schützen und ihren Lebensraum zu respektieren. Was daraus geworden ist und inwieweit die Ländereien der Indios gesichert werden, ist ein anderes Kapitel. Der Kampf geht weiter.

Doch einige Völker übernehmen die Verteidigung und Inanspruchnahme ihrer Ländereien eigenhändig. Ein markantes Beispiel ist das des Volkes der *Xucurú* im Nordosten Brasiliens. Ihr Häuptling Xicão Xucurú wurde 1998 ermordet. Vorher und nachher geschahen weitere Morde im Auftrag der Großgrundbesitzer. Im Jahre 2000 übernahm der damals 21-jährige Sohn Marquinho (Marcos) Xucurú die Häuptlingsrolle anstelle seines Vaters. Er wurde von allen Stammesmitgliedern gewählt und führte das Werk seines Vaters fort. Wenn man im Internet diese Namen von Vater oder Sohn eingibt, erfährt man ihre Geschichten, sieht und hört man sie über diese Kämpfe um ihr Land sprechen (auf Portugiesisch). Da spricht Marquinho sogar in einer Anhörung vor dem internationalen Gerichtshof über die Situation seines Volkes. Sein Einsatz ist unerschrocken und er sucht, so gut er kann, auch außerhalb Brasiliens seine Anliegen vorzubringen. Gerade eben zum

Häuptling gewählt, treffen wir den 21-Jährigen in Deutschland, eingeladen u.a. von den Franziskanern in Mettingen. Hier und dort, immer trägt er stolz den langen Federschmuck seines Vaters:

> „Ich bin erst 21, aber das heißt nicht, dass ich den Kampf meines Vaters Xicão um unsere Landrechte nicht fortsetzen kann. Hinter mir steht mein ganzes Volk. Es gibt mir Kraft und Mut wieder aufzubauen, was am Boden liegt, und um unsere Landrechte zu kämpfen. Hinter diesen 21 Jahren stehen andere Stammesmitglieder mit 60 Jahren und kleine Babys, die gerade geboren sind. Vor dieses Volk stelle ich mich mit viel Stolz und möchte um es kämpfen."

Elf Jahre später, im Juli 2011, trafen wir Marquinho wieder bei Bischof Pedro Casaldáliga und erzählten ihm von den Filmaufnahmen damals vor den Schülern in einer Aula voller Jugendliche im Mettinger Franziskanergymnasium, in Deutschland also. Er erinnerte sich sehr gut. Er erzählte über inzwischen positive Erfolge im Kampf um ihr Land und wir bekamen einen tieferen Einblick in sein Weltbild:

> „Ich bin meinem Volk sehr verpflichtet, bin immer für meine Leute und auch für andere indigene Völker im Einsatz. Das ist meine Lebensaufgabe geworden. Ich wurde ausgesucht von der heiligen Natur, um sie zu schützen und zu verteidigen. Immer wenn jemand kommt und mich mit Geldern bestechen will, denke ich an diese heilige Natur, an die Vorfahren und Ahnen, die darin ruhen. Sie sind es, die mich beschützen, damit ich die Geschichte des Kampfes meines Volkes weiterschreiben kann, und nicht nur meines Volkes, sondern der indigenen Völker des ganzen Landes. Das vergossene Blut meines Vaters *Xicão* macht mich stark. Er ist immer bei mir und begleitet mich, wenn ich diesen seinen Kopfschmuck anlege."

CPT – Comissão Pastoral da Terra

Die CPT ist wie der *Indígena*-Missionsrat CIMI ein eigener Arbeitsbereich innerhalb der Pastorallinie „Gerechtigkeit und Frieden" der brasilianischen Bischofskonferenz. Sie wurde 1975 gegründet, auch als Frucht des Zweiten Vatikanischen Konzils und der Generalversammlung der Bischöfe Lateinamerikas in *Medellín.* Ausschlaggebend für die Gründung war jener sehr bekannt gewordene und trotz Diktatur und Verfolgung in ganz Brasilien und darüber hinaus verbreitete Hirtenbrief Dom Pedro Casaldáligas, den dieser am Tage seiner Bischofsweihe in São Félix do Araguaia 1971 veröffentlicht hatte: „Uma Igreja da Amazônia em Conflito com o Latifúndio e a Marginalização Social" – Eine Kirche am Amazonas in Konflikt mit dem Großgrundbesitz und der soziale Abstieg der Menschen. 1973 folgten weitere mutige Dokumente von verschiedenen Bischöfen oder Regionalkonferenzen: „Ouvi os clamores do meu povo"- „Ich hörte die Stimme meines Volkes" über die Situation der Landarbeiter in den halbwüstenähnlichen Regionen des armen Nordostens Brasiliens. „Marginalização de um Povo – Grito das Igrejas" – „Marginalisierung eines Volkes – Aufschrei der Kirchen" über die Situation der Landarbeiter im zentral-westlichen Brasilien, unterschrieben von vielen Bischöfen jener Region. „Y-Juca-Pirama – o índio aquele que deve morrer" – „Y-Juca-Pirama – Der Indio ist derjenige, der sterben muss" über die Plünderung und Vernichtung ganzer *Indígena*-Gebiete und über den Genozid so vieler Völker, unterzeichnet von einer Gruppe von Bischöfen und Missionaren. Unter dem Vorsitzenden der CNBB, Dom Aloísio Lorscheider, wurde dann 1975 die CPT gegründet. Der Kardinal hob hervor, dass die wahren Gründer der CPT die Kleinbauern seien, die Tagelöhner, die Landbesetzer, die Indios, brasilianische Migranten, Frauen und Männer, auf der Suche nach einem Fleckchen Grund und Boden. Sie alle möchten nichts weiter als in Freiheit und Würde leben und ihre Familien ernähren. Das müsse möglich sein in so einem Riesenland, welches leider durch die Herrschaft des kapitalistischen Eigentumsdenkens beherrscht würde.

Die Gründung der CPT fiel mitten in die Diktatur, die sich das ehrgeizige Ziel gesetzt hatte, Brasilien zu „erschließen". Ungeachtet jeglicher negativer Folgen, hatten die Militärs einen Größenwahn entwickelt, dem alles unterworfen wurde. Die „nationalen Interessen" zuallererst. Daher kam der CPT eine sehr wichtige und ebenso gefährliche Rolle zu und sie ging ihr nicht aus dem Wege. Natürlich konnte die CPT immer mit der Rückendeckung der Bischofskonferenz rechnen und vor der hatten auch die Militärs einen gewissen Respekt und griffen diese möglichst nicht frontal an. Die CNBB war in sich geschlossen und mächtig und bezog immer klare Positionen in Fragen der Menschenrechte, Menschenwürde und ebenso in Fragen der Ökologie und der Umwelt. Außerdem bekannten sich auch andere christliche Konfessionen zur CPT. Sie strukturierte sich immer mehr ökumenisch. Ihre Mitglieder waren Rechtsanwälte, engagierte Fachleute, Kirchenzugehörige oder auch Unabhängige von irgendwelchen Glaubensbekenntnissen. Natürlich entzog sich die CPT dadurch auch römischen Kontrollen und Bestimmungen, sehr zum Ärger der dortigen Glaubenswächter.

Die Landpastoral bot Schulungen und Kurse in kleinbäuerlichem Ackerbau an. Es ging sowohl um Orientierungshilfen bei den Produktionen als auch um deren Vermarktung. Wichtig dabei waren die Fragen des respektvollen Umgangs mit der Umwelt und der Mit-Welt, wie sie auch benannt wurde, also das Miteinander alles Geschaffenen, oder auch Fragen des schonenden Umgangs mit dem Wasser. Sie half Tagelöhnern, sich zu organisieren, um mit einer Stimme zu sprechen. Sie deckte sklavenähnliche Verhältnisse auf und gab Rechtsbeistand. So verschieden wie die Regionen Brasiliens, waren und sind es auch die Herausforderungen für die CPT. Zur Zeit sind die größten Probleme in den Bundesländern des Amazonasgebietes besonders der menschliche Organhandel und die sexuelle Ausbeutung durch Kinderprostitution. In allem geht der Blick der CPT immer auf die Verteidigung der Menschenrechte, besonders in den verlassensten Landgebieten.

Aus meinen Jahren bei den Versammlungen der Bischofskonferenz erinnere ich mich besonders gut an viele Auftritte Dom Helder Camaras. Wenn er sich zu Wort meldete, ging es ihm immer um die Fragen der Landreform zugunsten der Kleinbauern. Er setzte sich vor den versammelten Bischöfen vehement für sie ein. Einmal kamen ihm die Tränen, er fing an zu schluchzen, als er über dieses Thema sprach und sagte dann nur noch: „Betet! Wir Bischöfe müssen Menschen des Gebetes sein. Hört nicht auf zu beten. Das Gebet macht euch stark“, so als wolle er sagen: Beten und Handeln sind eins, stehen in Wechselbeziehung.

> „Mit Hilfe der CPT konnten in der Zeit bis in die 1990er Jahre mehr als 150.000 Familien über 10 Millionen Hektar Land erhalten und mehrere hundert Gewerkschaften gegründet werden. Neben etwa 100 Festangestellten kann die Organisation auf mehrere 10.000 Freiwillige und über 1.000 Priester und Kirchenmitarbeiter zurückgreifen.“

Die jährliche Fastenaktion

Die jährliche Fastenaktion der brasilianischen Kirche hatte nach dem Konzil und nach *Medellín* mehr und mehr auf soziale Fragestellungen gesetzt. Sie hatte die strukturelle soziale Sünde angeklagt und Gerechtigkeit eingefordert: „Gesundheit für alle“, „Die Wahrheit wird euch befreien“, „Erziehung und Schule für alle“, „Damit alle Leben haben“. Es war die Zeit, in der die Kirche immer stärker verfolgt wurde. Das Gute war die Geschlossenheit und Einigkeit der fast vierhundert Bischöfe. Dom Helder Camara meldete sich selten zu Wort und wenn, dann immer, um mit den Bischöfen zu beten oder zu sagen: „Es darf keine Sieger und keine Besiegten geben. Wir suchen das, was uns alle eint.“ Ab 1985 und dem Ende der Militärdiktatur ging es in den jährlichen Fastenaktionen in deutlicheren Worten um die existenziellen Fragen des brasilianischen Volkes: Hunger, Land, Straßenkinder, Schwarzen-Bevölkerung, Frauen, Arbeiter, Jugend, Wohnung, Familie.

Zu diesen Themen machten wir dann die Fernseh-Spots von je 30 Sekunden oder einer Minute. Sie wurden allabendlich auf verschiedenen Fernseh-Kanälen ausgestrahlt. Zum Beispiel zum Thema Straßenkinder: es begann mit ein paar Bildern aus dem bekanntesten Naturreservat Brasiliens, dem *Pantanal*. Die großen *Tujujú*-Vögel, eine Storchenart, steckten Futter in die offenen Schnäbel ihrer Jungen. Futter ist im *Pantanal* reichlich für alle da. Schwenk zu den Straßenkindern in *São Paulo*, sie kommen angerannt, zerlumpt, hungrig, große Augen und rufen ihre Namen in die Kamera: Joilson, Luiz, Célia, Rita … Die Botschaft sollte lauten, dass jedes Kind einen Namen hat und wie die jungen *Tujujús* geliebt und geschützt werden möchte. „Wer ein solches Kind aufnimmt, nimmt mich auf" und „Was ihr den Kindern tut, das habt ihr mir getan" war die abschließende biblische Botschaft des Fernsehspots.

Brasilia, Brasilien 1990, Filmfestival, Der Kinofilm Amerindia erhält den 1. Preis.

Begegnungen mit Bischöfen, Priestern und Ordensleuten

Ich möchte diesem Kapitel brasilianischer Bischöfe und des brasilianischen Klerus vorausschicken, dass ich mich persönlich sehr privilegiert sehe, dass ich mit diesen Menschen sehr eng zusammenarbeiten durfte. „Es könnte sein, dass wir tausend Jahre und mehr warten müssen, bis wieder einmal solch eine Bischofsgeneration wie diese aufblüht", schreibt P. José Comblin, ein renommierter lateinamerikanischer Theologe.

Sie waren Propheten, prophetische Bischöfe für die ganze Gesellschaft. Ihre Verantwortung bezog sich nicht nur auf kircheninterne Fragen. Es ging ihnen um vieles mehr, nämlich um Strukturreformen der ganzen lateinamerikanischen oder brasilianischen Gesellschaft. Es ging um einen Paradigmenwechsel innerhalb der christlichen Verkündigung, nach 500 Jahren Christentum im Sinne der europäischen Kolonialherren und einer europäisch „vorgedachten" römisch-katholischen Kirche.

In den 1980er Jahren waren diese Bischöfe, die großenteils noch von den Konzilspäpsten Johannes XXIII. und Paul VI. ernannt worden waren, in den besten Jahren ihres Wirkens und ihrer Einflüsse. Teils waren sie mit den genannten Päpsten persönlich befreundet, wie etwa Dom Helder Camara mit Paul VI. Durch die freundschaftlichen Gespräche Dom Helders mit dem Nuntius Lombardi in Brasilien kam es zu progressiven Bischofsernennungen und das brasilianische Bischofskolleg wuchs nicht nur zahlenmäßig, sondern auch bezüglich ihrer Haltung.

Gefragt nach den Konzilsaufbrüchen, nach ihren ganz persönlichen Erfahrungen während des Konzils und nach der Option für die Armen, erzählten sie in vielen Interviews mit Begeisterung über das persönliche Glück, noch Johannes XXIII. begegnet zu sein und wie sie ihn erlebt hatten, wie viel Mut er ihnen zugesprochen habe, neue Wege mit den Armen zu gehen. Gerade in diesen persönlichen Begegnungen mit den Konzilspäpsten hatten sie so viel „Rückendeckung“ für ihr zukünftiges Wirken als Bischöfe erhalten. Dieses Vermächtnis und die damit verbundene Kraft setzten sie um und bauten tatkräftig an einer neuen Kirche an der Seite der Armen und der vergessenen Menschen.

Bischof José Maria Pires, auch „Dom Zumbi“ genannt

Dom José Maria Pires war einer der ersten schwarzen Bischöfe Brasiliens und dort bekannt als „Dom Zumbi“. Denn als schwarzer Bischof war er völlig mit seinen afrikanischen Wurzeln und einem schwarzen Befreiungskämpfer, namens Zumbi, aus dem 17. Jahrhundert identifiziert. Zumbi war ein Anführer von entflohenen und frei geborenen Sklaven und wurde 1695 geköpft. Sein Kopf wurde in *Recife* öffentlich zur Schau gestellt, um allen zu zeigen: er ist tot! Zumbi gilt heute als Idol, Heiliger und Märtyrer der Schwarzenbewegung und der jungen Kirche Brasiliens (in den Heiligenregistern Roms taucht sein Name nicht auf).

Zusammen mit anderen jungen Konzilsbischöfen kam auch Dom Zumbi aus der Aufbruchstimmung des Konzils. Bischöfe wie er fanden in Brasilien alle Freiheit, genügend Abstand von Rom und eine ungezwungene, menschlich echte Kollegialität untereinander vor. Nur so ist ihr prophetisches Leben zu verstehen. Diese Bischöfe in „zivil“, ohne Uniformen, dem Volk verpflichtet und aus ihm hervorgegangen, prägten sich mir persönlich so ein, dass ich die Zukunft für die Kirche „gesichert“ sah. Die eingeschlagene „Richtung“ war eindeutig die richtige. Die CNBB war sehr selbstbewusst und souverän und es war für sie ein oft schwerer Balance-Akt, um die Einheit mit dem dann folgenden Papst Johannes Paul II. und dessen „Spitzentheologen“ Ratzinger zu wahren. Man versuchte, in Einheit mit Rom, aber möglichst unabhängig, seine Wege weiterzugehen. Dom Zumbi erzählt uns über seine erste Begegnung mit Papst Johannes XXIII.:

> „Ich wurde in Privataudienz von Johannes XXIII. empfangen. Das hat mich zutiefst geprägt. Er schaute mich so freundlich an und sagte: ‚Sie sehen nicht wie ein Bischof aus. Sie sehen aus wie ein Seminarist'… Johannes XXIII. ist für mich der Papst mit einer neuen Vision von Kirche. Für ihn war die menschliche Person wichtiger als Struktur und Organisation."

Dom José, von Johannes XXIII. zum Bischof ernannt, unterschrieb mit Begeisterung auch den Katakombenpakt für eine arme und dienende Kirche gegen Ende des Konzils. Zeitlebens verwirklichte er diesen treu im persönlichen Lebensstil und in seinen Auftritten. Sein Hauptanliegen waren die Rechte aller Entrechteten, besonders der schwarzen Bevölkerung Brasiliens.

Die Predigten von Dom José Maria Pires waren befreiend, egal wo und wann er auftrat. Wir hörten mit Vorliebe seine Predigten: endlich redete ein Bischof Klartext! Er hatte eine eigene Meinung und vertrat sie, und das als Schwarzer in Brasilien. Er trat unerschrocken auf. Bei verschiedenen Anlässen hatten wir Gelegenheit, seine Worte festzuhalten, wie etwa bei der Uraufführung der „*Missa dos Quilombos*". *Quilombos* nannte und nennt man in der brasilianischen Geschichte die abgelegenen Fluchtorte und Siedlungen der ehemaligen Sklaven. Vielen Schwarzen gelang die Flucht aus ihrem Sklavendasein, sie versteckten sich in abgelegenen, kaum auffindbaren Urwaldregionen. Es gibt sie noch heute über ganz Brasilien verstreut und sie erinnern in ihren Häuserstrukturen an afrikanische Dörfer. Über diese Thematik wurde eine eigene Messe mit vielen poetischen Texten von Bischof Pedro Casaldáliga geschrieben, ähnlich der „*Missa da Terra Sem Males*", der „Messe des Landes ohne Übel" mit der indigenen Thematik. Bischof Dom Zumbi starb im Alter von 98 Jahren am 27. August 2017.

Dom Adriano Hypólito

Adriano Hypólito wurde 1962 von Papst Johannes XXIII. zum Weihbischof von *Salvador da Bahia* ernannt und 1966 zum Diözesanbischof von *Nova Iguaçú*, einer zwei Millionen-Vorstadt von *Rio de Janeiro*. Bei seiner Einführung zum neuen Bischof betonte er seine zukünftige Pastorallinie, die Antworten auf die soziale Schieflage der Stadt geben sollte. Er blieb darin konsequent. Zehn Jahre später wurde er an einen unbekannten Ort von *Rio de Janeiro* entführt. Man riss ihm alle Kleider vom Leib und beschmierte ihn, nackt, mit roter Farbe. So ließ man ihn laufen. Sein VW-Käfer wurde – symbolisch – vor dem Sitz der Bischofskonferenz (damals noch in *Rio de Janeiro*) in Brand gesteckt. Die Drohungen gegen ihn nahmen in den Folgejahren kein Ende. Ein Jahr nach der Entführung wurde eine ganze Ausgabe des diözesanen Wochenblattes *A FOLHA* bei der Post beschlagnahmt und stattdessen eine von den Militärs gefälschte Ausgabe millionenfach in der Diözese und in ganz Brasilien in Umlauf gebracht. Kurz danach wurde das bischöfliche Ausbildungszentrum geschlossen, in dem eine Konferenz zur Gründung einer Kommission für Gerechtigkeit und Frieden stattfinden sollte. Das Zentrum wurde künftig immer bewacht, kontrolliert und schließlich von der Polizei belagert. Trotz allem gründete Dom Adriano die diözesane Kommission Gerechtigkeit und Frieden. Er wurde auf Schritt und Tritt bespitzelt. Geheimagenten verfolgten ihn auf allen pastoralen Besuchen innerhalb seiner Diözese oder auch bei Besprechungen mit seinen Bischofskollegen in der Region. Die Wände der Kathedrale von *Nova Iguaçú* wurden mit Beschimpfungen gegen den Bischof beschmiert und am Tag vor Weihnachten 1979 explodierte eine Bombe unter dem Altar. In einem Bekennerbrief wurde Dom Adriano beschuldigt, dass er Kommunisten Schutz gewährt hätte. In einer Predigt schrieb er dazu:

> „Wenn wir eine Einrichtung unterstützen, die nicht eigens von der Kirche ist, die sich aber für ein besseres und gutes Leben für alle einsetzt, wie die ‚Bewegung Freunde im Stadtviertel', dann stehen wir ganz in der Nachfolge Jesu Christi: wir haben Mitleid mit unserem Volk." (Predigt des Bischofs nach dem Attentat)

Als wir 1995, ein Jahr vor seinem Tod, noch mit Bischof Adriano Hypólito bei seinem Besuch im Franziskanerkloster Bardel in Bad Bentheim zusammensaßen, um uns über „Gott und die Welt" zu unterhalten, konnte er kaum seinen Missmut darüber verbergen, dass sein kurz zuvor neu ernannter Nachfolger als Bischof in *Nova Iguaçú* nicht einer von den aus der Diözese eingereichten Kandidaten war, sondern ein vom Vatikan „Vorgesetzter" mit ziemlich entgegengesetzten pastoralen Ideen.

Dom Adriano kommentierte das als ewige Konsolidierung und Zementierung der Macht der Kirche. Wir redeten auch über den „Werdegang" der brasilianischen Kirche in den 1970-80er Jahren und die besonders schwere Lage in seiner Diözese Nova Iguaçú, über die allzu vielen täglichen Morde, denn allein im vergangenen Monat seien 45 Leichen in seiner Stadt gefunden worden:

> „Ich bin weder Soziologe, noch Kriminalist, um die eigentlichen Gründe klarzustellen. Jedoch als ein Bürger, der zufällig auch noch Bischof ist und Mitgefühle für die Schwestern und Brüder hat, mache ich mir schon meine Gedanken... Schauen wir doch auf das menschliche Agglomerat, das hier lebt, arbeitet und leidet. Sie sind vom Land geflohen, weil man ihnen dort nicht erlaubte zu leben.... Seit Jahrhunderten ist das so und man überlässt sie ihrem eigenen Schicksal. Vierundzwanzig Stunden täglich in der Ungewissheit ihres Lebens..."

Bischof Adriano Hypólito starb – symbolträchtig – am 10. August 1996, dem Festtag des Hl. Laurentius. Von diesem wird berichtet, dass der römische Kaiser Valerianus den Heiligen aufgefordert habe, ihm alle Schätze der Kirche auszuhändigen. Daraufhin habe Laurentius den Palast mit Armen gefüllt und gesagt: „Das ist der Schatz der Kirche". Im Nachruf der brasilianischen Bischofskonferenz zum Tod von Dom Adriano heißt es: „Ein guter und treuer Knecht, der sein Leben für das Reich Gottes hingab, mit einer großen Vorliebe für die Ausgeschlossenen."

Dom Waldyr

1982/83 muss es gewesen sein, als die Zentralprovinz der Steyler Missionare, zu der ich gehörte, den Bischof von *Volta Redonda*, Dom Waldyr Calheiros, einlud, den Provinzmitgliedern die einwöchigen Jahres-Exerzitien zu predigen. In Erinnerung blieb mir sein ganz und gar ziviler „Auftritt" mit der für ihn typischen Baskenmütze. In seinen Meditationen, immer wenn es um politische – oder auch kirchliche – Systeme und Strukturen ging, kam er nicht umhin, mutige bis ironische „Nebensätze" einzufügen, weil es ihm um die Freiheit des Christenmenschen und die Mitverantwortung aller ging. Seine Vorträge in der Exerzitienwoche prägten uns nachhaltig und waren lange Gesprächsstoff.

Volta Redonda ist eine Stadt, die von der Stahlindustrie geprägt war, auch bekannt als *cidade do aço – Stadt des Stahls*, eine „schmutzige" Stadt. Wir hatten immer wieder von Verfolgungen und Anschlägen auf den Bischof gehört. Waldyr jedoch ließ sich nie klein kriegen und hatte damit trotz des Drucks durch die Gängeleien der Militärs Erfolg. Deswegen freuten wir uns darauf, dass er uns die Exerzitien predigen sollte. Dom Waldyr und Dom Adriano Hypólito waren Nachbarbischöfe in den Vorstädten von *Rio de Janeiro*. Wir hatten im Mai 2010 noch Gelegenheit, den inzwischen 87-Jährigen über Konzil und Katakombenpakt zu befragen. Letzteren hatte er selbst mit ausgearbeitet und unterschrieben. Dom Adriano erzählte uns:

> „Wir kamen aus dem Zweiten Vatikanischen Konzil nach Hause mit dem Bewusstsein, dass Kirche nur Sinn macht mitten in dieser Welt von heute. Die Kirche hatte ja immer nur sinnlos auf sich selbst geschaut. Entweder aber interessiert sich die Kirche für die Welt, für die Probleme der Menschheit, oder die Menschheit hat mit Recht kein Interesse mehr an dieser Kirche. Das Kon-

zil stellte unsere Vergangenheit gründlich auf den Kopf und stärkte unseren Glauben an Gott."

Über das Zweite Vatikanische Konzil wusste er nur Positives zu berichten, vor allem, wie durch die Orientierungen vieler Theologen ihr eigener theologischer Horizont erweitert worden sei. In vielerlei Hinsicht hätten sie während des Konzils eine theologisch neue Sicht der Dinge bekommen. Trotzdem sei das Konzil sehr europäisch ausgerichtet gewesen und erst der CELAM hätte ihm ein realistisches lateinamerikanisches Gesicht gegeben:

„Ich erinnere mich noch gut daran, wie der damalige Präsident des CELAM [Bischof Manuel Larraín aus Chile] in der Konzilsaula auf mich zukam und sagte: ‚Waldyr, wenn wir wieder zuhause sind, nach dem Konzil, dann werden wir unser eigenes Konzil in Lateinamerika machen.' Und so kam es dann zu Medellín, da konkretisierten wir das Konzil für unsere lateinamerikanischen Verhältnisse... Für die Nicht-Armen wurden wir zu einem Dorn im Auge. Sie begannen uns zu verfolgen. Wir steckten also mitten in der Diktatur und damit in einem internationalen Geflecht von dominierenden Ländern wie die Vereinigten Staaten von Amerika mit ihren kapitalistischen Interessen. ... Schaut, 1965 besuchte mich ein Team des damaligen Präsidenten aus den USA [Lyndon B. Johnson]. Sie machten mir den Vorschlag, mehr den Armen helfen zu wollen, um die Gefahr des Kommunismus – das war ihr einziges Schlagwort – abzuwenden."

Neben dem Schlagwort des Kommunismus oder Marxismus war ein weiteres das der nationalen Sicherheit. Das Vokabular der Militärs beschränkte sich ziemlich darauf und in deren Namen rechtfertigten sie alles. Dom Waldyr sagte weiter:

„*Volta Redonda* war eine Stadt der nationalen Sicherheit wegen der Erzvorkommen, wichtig, um das Elend in Brasilien zu verringern. So ihr Argument. Unser Denken und Handeln war ihnen quer und deshalb wurden wir verfolgt. ... Wir wurden nicht gerne gesehen, wurden für kommunistische Geheimagenten gehalten, vielfach die ‚Roten' genannt!"

Eine stumme und hörige Kirche, das hätten die Militärs gerne gehabt. Eine Kirche der Sakristei, die sich nicht in die Politik einmischt. Schließlich hatte sie sich 500 Jahre lang so in unserem Land etabliert. Doch nun wurde die Kirche nach und nach immer aufmüpfiger, die Unterdrückten meldeten sich im Namen der Kirche zu Wort. Nur so, im Namen der Kirche, bekam deren Wort Gewicht. Sie wussten sich gestärkt. In den 1980er Jahren hörte ich auf einer Stadtkundgebung in *São Paulo* einmal einen Vertreter aus den Favelas laut aus der Menge rufen – es war eine spontane Reaktion auf einen Politiker, der über die Asozialen herzog: „Wir sind keine Asozialen. Das seid ihr ‚da oben', die ihr die Polizei auf uns hetzt. Das größte Problem seid ihr, die ‚Erste-Klasse-Passagiere' auf dieser Erde, nicht wir. Gott sei Dank steht die Kirche auf unserer Seite!" In der kleinen priesterlosen Basisgemeinde *Santo Expedito* in *Eldorado* nahe *São Paulo* hörte ich bei einem Gottesdienst die Predigt eines älteren Mannes aus dem Armenviertel: „Das war damals die Mission der Apostel. Heute sind es wir, die in ihrer Nachfolge stehen und missionarisch tätig sind. Wir müssen das Evangelium predigen, von Generation zu Generation."

Kardinal Paulo Evaristo Arns „Dom Paulo" genannt

Als *Verbo Filmes* mit Sitz in der damals etwa 15 Millionen-Metropole *São Paulo* 1979 gegründet wurde, hörte ich viel über den mutigen Kardinal der Stadt, Dom Paulo, und seine damals neun oder zehn Weihbischöfe. Mit einigen von ihnen sollte ich in den folgenden Jahren engere Kontakte der Zusammenarbeit haben. Es lag eine stickige Luft über dem Meer von Wolkenkratzern in *São Paulo*. Nicht nur wegen der Luftverschmutzung, sondern vor allem wegen der Geschehnisse unter der Militärdiktatur mit ihren Verfolgungen, Verschwinden von Personen, Festnahmen, Folterungen, Morden. Viele Menschen lebten in Angst. Inmitten dieser Geschehnisse agierte eine unerschrockene, mutige, befreiende und revolutionäre Kirche, an deren Spitze ein großer Kirchenmann stand, der „Kardinal des Widerstandes“, Paulo Evaristo Arns. Widerstand und Unerschrockenheit nicht nur gegenüber Willkür und Diktatur des Staates, sondern auch des Vatikans. Dom Paulo war eine zu große Persönlichkeit, ein zu authentischer Christ, als dass man in ein paar Zeilen sein Leben würdigen könnte. Was ich selbst aus der Nähe verfolgen konnte, war das im Jahr 1985 von Rom auferlegte Schweigen für den bekannten Theologen Leonardo Boff. Wir weilten daraufhin eine Woche bei Boff in einem Kloster in *Petrópolis* und filmten ihn, ohne dass er natürlich etwas sagen durfte, es war ihm ja das Wort verboten. Um so mehr „schossen“ wir Bilder, von seinem Büro bis hin zu den Müllhalden der Stadt.

Dem Redeverbot für Boff war interessanterweise ein Schreiben von Dom Paulo an die Glaubenskongregation, sprich Kardinal Ratzinger, vorausgegangen, genau ein halbes Jahr zuvor, im Dezember 1984. Dom Paulo hatte den Inhalt seines Schreibens als einen Beitrag verstanden wissen wollen für ein vom Vatikan angekündigtes „orientierendes Dokument“ zu Befreiungstheologie und Basisgemeinden. Hier einige Auszüge, die die selbstverständliche Mitverantwortung, die Freiheit und den Mut des Kardinals belegen:

> „Dieses [von der Glaubenskongregation vorgesehene] Dokument wird auch den Unterdrückern unseres Volkes in die Hände gespielt werden. ... Was uns Sorgen bereitet, ist nicht das Los der Theologen, wohl aber das der großen Menschenmassen von Hungernden und ungerecht Behandelten.“

schreibt Dom Paulo an seine Kollegen in Rom in der Hoffnung, dass die es verstehen mögen. Der Kardinal war mutig und lenkte den Blick auf das Volk, das es verdiente, endlich einen Anwalt zu haben:

> „Das lateinamerikanische Volk [...] fordert die Kirche auf, sich zu positionieren und zu seinen Befreiungskämpfen Stellung zu beziehen. Es möchte wissen, wo die Kirche steht, ob sie sich mit der Rolle einer bloßen Zuschauerin zufrieden gibt oder eines bloßen

> moralischen Gewissens, welches urteilt, aber nicht handelt. Ist die Kirche bereit zu handeln?“

Und dann setzt er noch einen drauf, um den Römern zu sagen, dass die Theologie nicht von „oben“, sondern von „unten“ ausgehen muss:

> „Die lateinamerikanische Theologie heute ist nicht ein Produkt von Theologen. Sie entsteht in zahllosen Texten und Reden, die nicht von Theologen als solche stammen. [...] In Lateinamerika sind es nicht die Exegeten, die den Armen etwas beibringen. Es sind die Armen, die die Exegeten lehren. [...].“

Es gibt noch einige weitere Bischöfe in Brasilien, wie wir sehen werden, die einen solchen Mut hatten, sich schriftlich an den Papst und an die römischen Kongregationen zu wenden, um ihnen Vorschläge zu machen. Kardinal Arns ist ihnen jedenfalls ein mutiges Vorbild. Dom Paulo selbst veröffentlichte in einem seiner Bücher diesen damals an die Glaubenskongregation geschickten Beitrag und fügt hinzu, er habe nie von Ratzinger eine diesbezügliche Antwort bekommen. Wohl aber, wie erwähnt, kam ein halbes Jahr später das Redeverbot für Leonardo Boff. Diesen seinen Brief hatte Dom Paulo Ende 1984 an die Glaubenskongregation geschickt. Mitte 1985 kam die „Antwort“ aus Rom, kommentarlos: das Bußschweigen für Boff. Er musste bis auf Weiteres den Mund halten. Dom Paulo war ein Jahr nach dem Zweiten Vatikanischen Konzil (1966) durch Papst Paul VI. zum Weihbischof ernannt worden. 1970 übernahm er als Erzbischof (kurz danach Kardinal) die riesige, damals zahlenmäßig größte Erzdiözese der Welt. Dom Aloísio Lorscheider war wohl nicht ganz „unschuldig“ an dieser Ernennung Dom Paulos zum Erzbischof. Lorscheider war damals Generalsekretär der Brasilianischen Bischofskonferenz und hatte persönlich gute Beziehungen zu Papst Paul VI. Beide Kardinäle waren aus dem Orden des Hl. Franziskus und wie aus einem Holz geschnitzt. Sie hatten vieles gemeinsam, machten sich gegenseitig Mut und reisten später auch beide gemeinsam mit ihrem (auch Franziskaner-) Theologen Boff nach Rom, um ihn nicht vor Ratzingers und der Glaubenskongregation Tribunal alleine zu lassen. Drei Jahre nach seiner Ernennung zum Erzbischof von *São Paulo* geschah das „Wunder der Vermehrung": Dom Paulo verkauft sein Bischofspalais. In seinen Erinnerungen schreibt der Kardinal:

> „Die offizielle Residenz des Erzbischofs von São Paulo, das Palais Pius XII., bedrückte mich mehr als sie mich beglückte. Die Entscheidung, den Palast zu verkaufen und fortan in franziskanischer Einfachheit in Sumaré zu leben und den Erlös vom Verkauf des Palais auf die Armen und Immigranten zu verteilen, brachte mir eine ganz tiefe Freude. An den übermächtig-hohen schmiedeeisernen Gittern des Palastes hing ein handgeschriebener Zettel: ‚Wir sind umgezogen nach: Rua Mococa 71 in Sumaré - 01255 São Paulo.'"

Mit den fünf Millionen Dollar, die der Verkauf des Palais brachte, wurden 1200 Gemeindezentren in den armen Peripherien und *Favelas* von *São Paulo* gebaut, immer mit der Selbsthilfe der dort wohnenden Menschen, denn das Geld reichte nur für die Materialien. Diese Zentren eigneten sich (anders als Kirchen) vor allem für Versammlungen, Bewusstseinsbildung, Kranken- und Kinderstationen. Gebetet wurde dort auch, und viel! Dom Paulos Wahlspruch als Bischof war: „Ex spe in spem" (von Hoffnung zu Hoffnung). Er tat immer das Seine und legte alles Weitere in die Hände der göttlichen Vorsehung. Ganz stark war sein Glaube, ganz unerschütterlich. Wie sehr er dieses Lebensideal durchhielt, zeigte seine unerschrockene Haltung gegenüber den Machenschaften der Diktatur. Es wurden Menschen verschleppt, gefoltert, ermordet. Verdächtige wollte man besonders in kirchlichen Kreisen finden, weil die Kirche offenbar eine 180-Grad-Wende in die falsche Richtung gemacht hatte. Bekannt wurde die Festnahme und Verschleppung einiger Mitglieder des Dominikanerordens. Der bekannteste Fall war Frei Tito. Er wurde über ein Jahr lang täglich gefoltert. Nach der Freilassung ging er ins Exil nach Europa und nahm sich in Frankreich das Leben, weil er den Glauben an die Menschheit verloren hatte. Später entstand darüber bei *Verbo Filmes* in *São Paulo* ein Dokumentarfilm von der Filmemacherin

Marlene França. Auch Frei Tito wird in den Allerheiligenlitaneien der Basisgemeinden immer angerufen und ist ein großes Vorbild bei den Kleinen und Entrechteten.

Kardinal Paulo Evaristo Arns mit einem seiner Weihbischöfe, Dom Antônio Gaspar (Foto: Luciney Martins)

Dom Paulo hatte ein besonderes Charisma, gute Mitarbeiterinnen und Mitarbeiter an sich „heranzulassen", geeignete Personen zusammenzuführen und zu koordinieren. Er erkannte sofort, wenn sich Bewegungen bildeten, die sich für die Menschenrechte einsetzten, für die Rechte derer, die ihrer Freiheit durch das Militärregime beraubt wurden, und stellte sich immer auf deren Seite. So gründete er mit einigen Rechtsanwälten in seiner Wohnung im

Stadtteil *Sumaré* die „Kommission für Gerechtigkeit und Frieden". Die Kurie wurde zum Zentrum des Widerstandes. Es ist unglaublich, mit welcher Entschlossenheit und mit welcher Klarsicht Dom Paulo agierte, wenn man bedenkt, wie sehr sich noch sein Vorgänger, Kardinal Agnello Rossi, auf die Seite der Militärgeneräle gestellt hatte. Rossi war während des Putsches nicht nur Kardinal von *São Paulo,* sondern auch Vorsitzender der brasilianischen Bischofskonferenz (CNBB), die nach dem Militärputsch 1964 noch folgende öffentliche Erklärung abgab:

> „Wenn wir den immer schnelleren Zugriff des Kommunismus auf die Macht in unserem Land verfolgen, dann erkennen wir, dass unsere Streitkräfte noch gerade rechtzeitig reagierten. Sie haben verhindert, dass sich in unserem Land das bolschewistische System ausbreitet". Unterschrift: Kardinal Agnello Rossi.

Nun also hatte Dom Paulo den Platz von Agnello Rossi eingenommen. Und auch das hat seine Geschichte: Das ausschlaggebende Ereignis war eine Hl. Messe, die Kardinal Agnello Rossi als Erzbischof von *São Paulo* am 31. März 1970 zelebrierte, also 5 Jahre nach dem Ende des Zweiten Vatikanischen Konzils und zwei Jahre nach den Dokumenten der lateinamerikanischen Bischöfe von *Medellín.* Dieser Kardinal betete in dieser Messe für die Militärs, was für Bischof Lorscheider das Fass zum Überlaufen brachte. Er intervenierte bei Papst Paul VI., forderte die Absetzung von Rossi und brachte Arns in Gespräch.

Es muss wohl für Dom Paulo alles andere als leicht gewesen sein als Nachfolger von Rossi und dazu noch unter einem diktatorischen Regime, die kirchliche pastorale Ausrichtung der größten Erzdiözese der Welt neu zu erfinden:

> „Als er am 1. November 1970 sein Amt als Erzbischof-Metropolit von *São Paulo* übernahm, machte er alsbald aus der Kurie ein Zentrum des Widerstandes gegen die Praktiken der Verschleppungen, Morde und Folter von politisch Gefangenen. Er war der erste, der eine Liste aller politisch Verschwundenen aufstellte."

Als dann die Nationalkoordination des päpstlichen Rates für Gerechtigkeit und Frieden mit Sitz in *Rio de Janeiro* und unter der Leitung des dortigen konservativen Kardinals Dom Eugênio Sales auch noch dem päpstlichen Rat für Gerechtigkeit und Frieden von *São Paulo* Schwierigkeiten bereitete und ihm verbieten wollte, Namen zu nennen und nicht „eigenhändig" die Gesuchten ausfindig zu machen, entzog sich Dom Paulo kurzerhand den kircheninternen Querelen, löste sich von der kirchlichen Bindung des päpstlichen Rates und gründete mit Hilfe von bekannten Juristen eine unabhängige Nichtregierungsorganisation mit dem Namen „Comissão justiça e paz de *São Paulo*" – „Kommission Gerechtigkeit und Frieden von *São Paulo*". Und sie waren es – Katholiken, Protestanten, Juden, Atheisten, Kommunisten –, die ihm Daten und Namen von Verschwundenen, Folteropfern und Ermordeten zukommen ließen. Dom Paulo konnte sich auf die Genauigkeit ihrer Forschung verlassen und veröffentlichte die Daten und denunzierte die verantwortlichen Personen alle namentlich. Er hielt seinen Kopf hin.

> „Als die Militärgeneräle keinen Erfolg verzeichnen konnten, um Dom Paulo zum Schweigen zu bringen, entschlossen sie sich, an höchster kirchlicher Stelle Hilfe zu suchen, um den ‚Rebellen' zu isolieren. ... Der konservative Kardinal aus Rio hatte einen guten Draht zum Vatikan und sollte als Nationalchef von ‚Gerechtigkeit und Frieden' dem Kardinal von *São Paulo* den Weg zeigen. Doch es war zu spät."

Dank des großen Einflusses von Dom Paulo und seiner persönlichen Beliebtheit wurde die Kommission Gerechtigkeit und Frieden von *São Paulo* bald zu einer der aktivsten Anlaufstellen gegen die Lügenmaschinerie und die Gewaltverbrechen der Diktatur. Dabei stellte er nicht nur „treue" Katholiken an. Einer der neu hinzu kommenden Anwälte stellte sich bei Dom Paulo vor, um seine Bereitschaft zur Mithilfe zu bekunden. Er bekannte dem Kardinal, dass er nicht katholisch sei, worauf der Kardinal ihm antwortete, dass es darauf nicht ankäme. Er wisse schließlich auch nicht genau, ob er „katholisch" sei.

Weil die Enthüllungen, die aus dem „Haus des Bischofs" ans Tageslicht gebracht wurden, präzise und wahrheitsgemäß waren, halfen sie mit, das Leben von vielen Menschen zu retten. Dom Paulo wusste, dass Schweigen und den Mund zu halten der Diktatur in die Hände spielten. Sein Name und seine Kurie wurden über alle Grenzen hinweg immer bekannter. Ab Ende 1976 kam eine immer größere Zahl von spanisch sprechenden Personen aus unterschiedlichen lateinamerikanischen Ländern in die *Cúria Metropolitana.* Sie kamen aus Argentinien, aus Chile und Uruguay. Bei einer Begegnung mit *Dom Paulo* wurde dann beschlossen, eine Menschenrechtsgruppe zu gründen, um den Opfern von politischer Gewalt in den südlichen Länder Lateinamerikas, Argentinien, Chile, Paraguay, Uruguay, Brasilien zu helfen. Diese Gruppe wurde bald größer. Sie gründete das Bulletin *CLAMOR*, das in den Kellerräumen der Kurie gedruckt wurde. Es verbreitete die Grausamkeiten, die in den Diktaturen dieser Länder geschahen. Dom Paulo leitete gegen Ende der 1970er Jahre auch das Untersuchungsprojekt „Nie wieder Folter", über das Leonardo Boff schrieb, dass Dom Paulo es zusammen mit einem Forschungsteam entwickelt hatte und dass dort Berichte von über einer Millionen Seiten über die 707 Prozesse des oberen Militär-Gerichtshofes gesammelt wurden. Das Buch spielte eine Schlüsselrolle bei der Identifizierung und Demaskierung der Folterer des Militärregimes und half, die Diktatur zu Fall zu bringen. Kardinal Arns begab sich auch des Öfteren in die „Höhle des Löwen", besuchte persönlich Generäle und einmal sogar im Namen aller Bischöfe von *São Paulo* den Präsidenten General Médici. Auf Anfrage hatte er eine Audienz bekommen. Die Begegnung war jedoch sehr kurz. Der General sagte nach ersten freundlichen Begrüßungsworten (so schreibt Dom Paulo in seinen Memoiren):

> „‚Die Kirche soll in der Sakristei bleiben. Wir werden schon wissen, was wir tun. Ich danke für ihren Besuch. Sie können jetzt gehen.' Mir blieb nichts anderes übrig als mich zurückzuziehen."

Wir machten zum letzten Mal mit dem 82-Jährigen Dom Paulo ein Interview im April 2003. Es war im *Amparo Maternal*, einer vom Kardinal stets sehr geförderten Entbindungsstation für arme Mütter. In einem einfachen ebenerdigen Gebäude, umgeben von hohen Wolkenkratzern, das von Ordensschwestern geleitet wurde, wurden täglich (!) zwischen 35-40 Kinder geboren. Keine einzige Mutter hatte finanzielle Möglichkeiten, etwas für die Geburt zu bezahlen, sie konnten nur ihre Arbeitskraft in der Wäscherei, in der Küche oder im Haus anbieten. Die Eltern, meist nur die Mütter, lebten unter Brücken und in den *Favelas*, sammelten Papier oder Alteisen. Das *Amparo Maternal* überlebte durch Spenden. Dom Paulo verglich im Interview die Mütter mit der Mutter Maria und die Kinder mit dem armen Jesus von Nazareth.

Dom Paulo Evaristo Arns besuchte auch häufig die Peripherien der Großstadt, setzte sein Leben aufs Spiel. An den Randzonen der Stadt, bei den Obdachlosen, Papiersammlern und verwaisten Kindern auf den Straßen im Zentrum der Millionenmetropole *São Paulo* förderte und ermutigte er die kirchliche Basisarbeit. Priester und Ordensleute genossen alle Freiheit, sich mit diesen Menschen auf der Straße und unter den Brücken zu engagieren, mit ihnen gemeinsam zu leben und mit ihnen das Essen zu teilen. In vielen unserer Filme finden sich diese Bilder. Der Platz vor der Kathedrale in *São Paulo* ist die größte „Sammelstelle“ von Straßenkindern. Oft holte sie der Kardinal in die Kathedrale. Dann saßen sie auf den Treppen um den Altar herum und waren hoch oben auf der altehrwürdigen Kanzel mit den aus Sandstein eingemeißelten Figuren der heiligen Apostel, sie selbst wie kleine Apostel mit lautem Verkündigungspotenzial. Auch bot der Kardinal den Armen im Altarraum Möglichkeiten, besonders auf sich aufmerksam zu machen, etwa wenn es um die Frage der Frauen in Gesellschaft und Kirche ging. Auf die Frage, wie er in der Geschichte einmal dastehen möchte, antwortete Kardinal Arns:

„Ich möchte, dass man mich als Freund der Menschen im Gedächtnis behält. Ich habe immer versucht, ausnahmslos die Menschenrechte des ganzen Volkes zu verteidigen, ohne auf Religion und Ideologie zu schauen. Es ging mir darum, dass die Menschenrechte garantiert wurden und die Menschenwürde die göttliche Liebe sichtbar werden lässt."

Douglas Mansur. Dom Paulo und 9 seiner damals 11 Weihbischöfe. Von links: D. Angélico Sândalo Bernardino, D. José Thurler, D. Celso Queiroz, D. Joel Catapan SVD, D. Luciano Mendes de Almeida SJ, D. Fernando José Penteado, D. Paulo Evaristo Arns OFM, D. Décio Pereira, D. Mauro Morelli, D. Francisco Manuel Vieira

Projekt einer Großstadtseelsorge – die Weihbischöfe von São Paulo

Die Weihbischöfe von *São Paulo* waren so besonders wie der Kardinal. Einer von ihnen, Dom Celso Queiroz (von 1987-1995 Generalsekretär der CNBB), beschrieb die etwa 25 Jahre Zusammenarbeit mit Dom Paulo. Sie verstanden sich nicht als „bispos auxiliares" (Hilfsbischöfe) eines Erzbischofs. Jeder hatte seine Region und einen spezifischen Aufgabenbereich mit eigener Verantwortung. Sie arbeiteten jeweils mit einigen Priestern, Ordensleuten und vielen Laien zusammen und waren selbständig wie etwa ein Diözesanbischof. Doch das Zusammen, das Gemeinsame, das „Einer für den anderen" war ausschlaggebend. Es wurde Kollegialität gelebt. Und diese Kirche inmitten einer Großstadt wurde von den Menschen wahrgenommen. Die Bischöfe träumten gemeinsam von einer neuen Art, Kirche in einer Großstadt zu gestalten, die aus ganz kleinen Zellen, Gruppierungen von Menschen und auf sogenannte „Pastoralregionen" aufgebaut war. Es sollten keine unabhängigen Einzeldiözesen entstehen. Die Einheit der Erzdiözese würde gewahrt bleiben, weil diese Bischöfe im Leben und in ihren Gedanken einen Zusammenhalt bildeten.

Wohl aus Angst, *São Paulo* könnte zu einflussreich auf die Kirche Brasiliens werden (oder als Modell weltweit?), mit einem kleinen „Papst" - Dom Paulo - an der Spitze (auch wenn die Brasilianer nichts anderes im Sinn hatten als ein synodales Verhältnis und Verständnis von Kirche im Dialog mit Rom), wurden im Gegenzug diese Bischöfe alsbald brasilienweit auf unterschiedlichste Diözesen verteilt, möglichst weit weg voneinander. Rom allein traf die Entscheidungen. Alle Weihbischöfe wurden zu Diözesanbischöfen befördert, um sie so aus dem Dunstkreis vom Kardinal von *São Paulo* zu befördern! Einer von ihnen, derjenige dessen Heiligsprechungsprozess später eingeleitet werden sollte, wurde sogar Erzbischof in der sehr weit entfernten Stadt *Mariana*, im Bundesland *Minas Gerais.* Aber das hatte auch noch andere Gründe: der schlaue Jesuit

Dom Luciano war als „Hilfsbischof" von *São Paulo* von den über 300 anwesenden Bischöfen Brasiliens auf der Jahresgeneralversammlung 1987 in *Itaici* einstimmig zum Vorsitzenden der brasilianischen Bischöfe gewählt worden. Er war ein sehr beliebter und liebenswürdiger Mensch und hatte alle Voraussetzungen für dieses Amt, war er doch bereits acht Jahre lang Generalsekretär gewesen. Unter ihm als neuen Vorsitzenden wählten die Bischöfe seinen Kollegen Dom Celso Queiroz zum neuen Generalsekretär. Also zwei Weihbischöfe aus São Paulo ganz „oben" an der Spitze der CNBB und infolgedessen die künftigen „Dialogpartner" mit Rom.

Rom ließ auch da wieder nicht lange auf eine Antwort warten. Von Johannes Paul II. kam eine neue Bestimmung nach der kein Hilfsbischof, Weihbischof oder dergleichen aus niedrigerem Rang, ungeachtet seiner Fähigkeiten, künftig Vorsitzender der Bischofskonferenz sein durfte. Ihn nun als Vorsitzenden abzusetzen und sich gegen die ganze CNBB zu wenden, wagte Rom aber nicht und erließ eine weitere Bestimmung: Ein Erzbischof sollte es künftig schon sein, um eine nationale Bischofskonferenz leiten zu können. Ein halbes Jahr nach seiner Wahl zum Vorsitzenden also wurde Dom Luciano 1988 – im Zuge der Versetzungen der Weihbischöfe von *São Paulo* – als neuer Erzbischof in das sehr weit abgelegene uralte Kolonialstädtchen *Mariana* befördert, das wegen seiner geschichtsträchtigen Vergangenheit immer ein Erzbistum gewesen war. Problem gelöst!

Für *São Paulo* ernannte der Vatikan nach und nach neue Bischöfe, einer vom anderen unabhängig und jeder mit seinen eigenen Ideen. Die Stadt wurde aufgeteilt, unterteilt, eingeteilt in eigene selbständige Diözesen. Uns im südlicheren Stadtteil *Santo Amaro* wurde ein neuer durch und durch „charismatischer" Diözesanbischof zugewiesen. Es änderte sich alles, es wurde „zurückgeschraubt". Vor allem die Ausbildung einer Handvoll Priesterkandidaten verlief wieder in Zucht und Ordnung. Von weitem konnte man die Jungs wieder erkennen, falls sie denn auf die

Straße gingen, und die charismatischen Pfingst-Bewegungen nahmen ebenfalls sehr stark zu.

Dom Luciano

Bischof Luciano war jener im Volk sehr beliebte Mensch, der vor allem als Vorsitzender der CNBB und als viel begehrter Exerzitienmeister brasilienweit immer unterwegs war. Als echter Brasilianer kam er immer zu spät. Oft vergaß er die Zeit, wenn er mit Obdachlosen auf der Straße oder mit Betrunkenen vor seinem eigenen Haus im Osten der Stadt zusammen saß und versuchte, diesen Menschen nahe zu sein. Und da mussten auch schon mal wichtigere Leute (oder solche, die sich dafür hielten) etwas länger warten, weil Dom Luciano noch „verhindert" war. Da er fast täglich in irgendein Flugzeug steigen musste, war er auch auf dem Stadtflughafen von *São Paulo, Congonhas*, kein Unbekannter. Dort wurden die Türen der Fluglinie nicht zugemacht, bevor Dom Luciano, wenn er auf der Liste der Passagiere stand, erschien. Mit dem ihm typischen Lächeln „übers ganze Gesicht" begrüßte er dann die Stewardessen, die schon Spalier standen und oft noch ein freundliches „Bênção Dom Luciano" („Ihren Segen, Dom Luciano") sagten.

Seine Zuneigung zu *Verbo Filmes* in *São Paulo* ist auch kein Geheimnis. Er selbst hätte immer gerne Filme gemacht, wie er schon mal gestand. Unsere Mitarbeiter wussten darum und waren auf jeden Fall alle zur Stelle, wenn es hieß, Dom Luciano kommt heute Abend. Und da wusste jeder: auch wenn er sich für 22 Uhr angemeldet hatte, durfte man das auf keinen Fall wörtlich nehmen. Schließlich kam er einmal mit einem ziemlichen Schrottauto, einem VW Käfer, den er einem jungen Mann aus seiner Gemeinde für billiges Geld gekauft hatte, irgendwann nach Mitternacht. Vermutlich hatte er den Wagen aus purem Mitleid mit dem Vorbesitzer gekauft, damit der nun besser zu seiner Arbeitsstelle fahren konnte. Als die „Limousine" vorgeknattert kam, saß Dom Luciano auf dem Beifahrersitz und hielt durch das offene Fenster die Beifahrertür mit beiden Händen fest, damit sie nicht aus dem Rahmen fiel. Das Schloss sollte noch repariert werden. Als wir dann ins Haus von *Verbo Filmes* gingen und Dom Luciano sich die Fernseh-Spots für die Fastenaktion ansah, um sein Placet zu geben, merke ich, dass seine Gedanken ganz woanders waren. Er bat mich als erstes, kurz zu dem jungen Mann zu gehen, der draußen wartete, um ihm zu sagen, Dom Luciano bäte um Entschuldigung, aber er habe wirklich nicht mehr Geld gehabt für ein besseres Auto.

Mitternachtsgeschichten wie diese kann jeder, der Dom Luciano näher kannte, mit Sicherheit zu erzählen. Natürlich steckte auch der Bischof den fehlenden Schlaf nicht einfach so weg. Er schloss auch tagsüber mal die Augen. Wo immer sich eine Gelegenheit bot, machte er ein Nickerchen. Sehr gerne auch als Vorsitzender einer über dreihundert Mitglieder zählenden Vollversammlung der brasilianischen Bischöfe. Dann stießen sich die Kollegen Bischöfe gegenseitig in die Rippen und zeigten auf ihren Vorsitzenden: „Der ist mal wieder am Pennen". Doch sobald es dann um die Sache ging, rieb er sich kurz die Augen und war voll und ganz beim Thema.

Kardinal Paulo Evaristo Arns erwähnt in seiner Autobiographie genau solch eine Geschichte: „Dom Luciano war so tief eingeschlafen, dass sein Kopf bis auf die Knie sank." Und auf die Frage des Kardinals, wie er denn zuhören könne, was die anderen sagten, antwortete Dom Luciano: „Ich hab alles genau im Kopf gespeichert und rufe es dann ab." „Ein Phänomen, das mir noch jemand erklären muss", schrieb Dom Paulo und versuchte dann wenigstens die stetige Müdigkeit seines Weihbischofs und des Vorsitzenden der brasilianischen Bischofskonferenz zu verstehen:

> „Er verbrachte die Nächte damit, die Armen zu besuchen. Einmal ließ er einen Bettler in seinem Bett schlafen, während er sich selbst auf den Boden legte. Und in aller Herrgottsfrühe kamen schon wieder Bettler und Betrunkene an seine Haustür, riefen laut: *Dom Luciano, Dom Luciano*!, - und raubten ihm den Schlaf, den er so nötig hatte."

Wie der Bischof von Münster den Besuch eines Heiligen verpasste

1989, als ich auf Heimaturlaub in Deutschland war, nutzte Dom Luciano seinen Romaufenthalt, um auch in Deutschland und Holland einigen Verpflichtungen nachzukommen. Im Namen der brasilianischen Bischofskonferenz waren vor allem seine persönlichen Kontakte zu den Hilfswerken notwendig. Ich wollte ihn zunächst in eine Gemeinde nach Oelde bringen, denn die dortige Pfarrei von Pfarrer Helmut Hortmann war die Patenkirche der Gemeinde von Dom Luciano in *São Paulo*. Um 11 Uhr sollte ein feierliches Pontifikalamt in der St. Johannes-Kirche stattfinden. Als ich Dom Luciano pünktlich um 10 Uhr am Flughafen begrüßte, bat er mich, für ihn eine bestimmte Telefonnummer unweit des Flughafens anzurufen, weil er mit jemandem noch einen Termin vereinbart hatte. Während er dort einen Besuch abstattete, rief ich Pfarrer Hortmann an, er solle schon mal mit der Messe beginnen. Wir kamen gerade rechtzeitig in Oelde zum Schlusssegen an. Dom Luciano begrüßte die Gemeinde mit einem deutschen Satz, den er unterwegs im Auto auswendig gelernt hatte. Dann gab er den feierlichen Segen und im Pfarrsaal war anschließend genügend Zeit und Ruhe, um die freundschaftlichen Bande zu festigen.

Nach einem Anruf von Pfarrer Hartmann beim Bischof in Münster, um die Möglichkeit eines kurzen Besuches zu erkunden, ging die Reise nachmittags weiter. Der Diözesanbischof Reinhard Lettmann selbst hatte leider keine Zeit für den hohen brasilianischen Besuch, hatte jedoch seinen Weihbischof Friedrich Ostermann angewiesen, uns zu empfangen. Nachdem auch dieser Empfang sehr formell und knapp ablief, empfingen uns die Klarissenschwestern neben dem Dom umso herzlicher. Durch die Klarissen war auch die Idee aufgekommen, unsere Ton- und Film/Video-Studios in *São Paulo* der Hl. Klara zu weihen, die die Schutzpatronin aller Film- und Fernseharbeit ist. Sie hatte wohl vor 800 Jahren schon von ihrem Krankenbett aus „ferngesehen“ und die Feier einer Hl.

Messe aus einer nahegelegenen Kirche mitverfolgt, so dass sie anschließend darüber berichtete, als hätte sie alles mit eigenen Augen (fern-)gesehen. Für uns in Brasilien jedoch viel wichtiger und realistischer war ihre selbstgewählte Option für die eigene Armut gewesen. Sie hatte es verstanden, die Begehrlichkeiten des menschlichen Lebens zu relativieren und in Bahnen des Glaubens und des größeren Glücks zu lenken. Und bei der Einweihung unserer Einrichtung in *São Paulo* Anfang 1980 waren u.a. auch Dom Luciano, ein weiterer Weihbischof von *São Paulo,* Dom Joel Catapan, und der Medienbischof der CNBB anwesend gewesen.

Also war der damalige Besuch bei den Klarissenschwestern am Dom zu Münster nicht nur ein Muss, sondern wurde auch zu einer beidseitigen Bereicherung. Von den Schwestern in Münster fuhren wir dann weiter zu meinem Elternhaus in Legden. Dort wurden wir mit leckerem selbstgebackenen Kuchen und Torten meiner Schwägerin Hildegard, im Beisein auch meiner vier Geschwister mit Schwager und Schwägerinnen, verwöhnt. Nach einem gemeinsamen Spaziergang durch einen schönen Mischwald hin zu einem nahegelegenen Wasserschloss übernachteten wir in meinem Elternhaus.

Am nächsten Tag ging die Reise nach Amsterdam. Dort hatte Dom Luciano eigentlich nur eine Verpflichtung bei einem Hilfswerk und für den Nachmittag desselben Tages war noch ein Besuch bei Misereor in Aachen und bei Adveniat in Essen vorgesehen. Es kam alles anders. In Leiderdorp, nahe Amsterdam, kannte der Bischof eine Familie, die er kurz besuchen wollte. Die Atmosphäre in dem Haus war ein wenig angespannt, weil die Frau nach einem Selbstmordversuch wieder aus dem Krankenhaus entlassen worden war. Dom Luciano nahm sich alle Zeit. Er saß einige Stunden an der Seite dieser Frau und hielt ihre Hände. Er bat mich, bei den Hilfswerken anzurufen und neue Besuchstermine festzulegen und wir fuhren erst einen Tag später nach Aachen und Essen.

„Wie der Bischof von Münster den Besuch eines Heiligen verpasste", wäre ein guter Filmtitel gewesen. Ich dachte in den Jahren danach oft: Wie wäre es wohl umgekehrt gewesen? Jedes Mal wenn

Besuch in *São Paulo* war, der Dom Luciano kennenlernen wollte, rief irgendeiner von *Verbo Filmes* beim ihm an: „Bist du zuhause?“ Er hatte dann immer Zeit und es gab für ihn in diesem Moment nichts Wichtigeres als diesen Menschen, der ihn besuchen wollte. Wenn man unter Google „Dom Luciano Mendes de Almeida“ nach Bildern von ihm sucht, finden sich solche, auf denen er bei großen Feierlichkeiten seine Mitra abnimmt und sie den Kindern, Jungs und Mädchen, der Reihe nach aufsetzt. So filmten wir ihn auch immer wieder. Leider wird er jetzt auf den Google-Bildern schon viel zu oft in vollem, möglichst buntem Ornat, mit aufgehelltem Hintergrund (Heiligenschein) und Hirtenstab und wie ein traditioneller Heiliger dargestellt. Das war er nicht, und so war er nicht. Er selbst hätte sich für diese Darstellungen und Verherrlichungen wohl eher geschämt.

Foto: Conrad Berning

Dieses Foto entstand, als sich einige tausend Menschen aus den Elendsvierteln versammelten und durch die *Favelas* von *São Paulo* zogen. Dom Luciano war dabei, ohne Hirtenstab, ohne Mitra, wie immer. Es regnete in Strömen, ein Wolkenbruch folgte auf den anderen und es war kalt und alle waren durchnässt. Die nicht befestigten Wege zwischen den Hütten waren glitschig und steil, überall nur braune Erde. Irgendwann ging es nicht mehr weiter. Die Menschen rutschten die Abhänge hinunter und konnten sich mit ihren Regenschirmen nicht mehr auf den Füßen halten. Dom Luciano unterbrach den Marsch und gab den Tausenden den Schlusssegen. Er rief dreimal ins Megaphon: „Terra de Deus" und die Menschen rufen jeweils zurück: „Terra de irmãos" – „Land Gottes" – „geschwisterliches Land". Es gibt eben Land für alle. Jeder hat Recht auf Land. Darum ging es bei diesen Demonstrationen. Warum zeigen die Google-Bilder nicht diese Seite des Heiligen, der mitten unter den Menschen predigt, dass das Land (Wasser, Luft, Güter) für alle geschaffen ist, nicht für einige Wenige? Der Protestmarsch der Armen stand unter dem Motto: „Caminhada pela moradia" – Marsch für menschenwürdiges Wohnen, ohne Bretterverschläge und Pappdeckel. Dann sagte Dom Luciano: „Der Herr sei mit euch." Alle rufen laut, so wie zum Schluss der Messe üblich: „Er ist mitten unter uns." Dann der Bischof: „Der Herr begleite uns, auf dass sich niemand eine Grippe holt." Alle antworten laut: „Dass sich niemand eine Grippe holt!" Bischof Luciano: „Und nicht einmal einen Schnupfen." Alle: „Und nicht einmal einen Schnupfen." „Lasst uns schnell nach Haue gehen, ihr Lieben. Gott segne euch alle und eure Familien!"

Im Februar 1990 – auf dem langen Weg von *Mariana* zur Hauptstadt von *Minas Gerais* (knapp 200 Kilometer schlechte Bundesstraße) – wurde Dom Luciano in einen Autounfall verwickelt. Er saß hinten im Auto. Der Fahrer starb noch an der Unfallstelle. Der erstbeste LKW, der vorbeikam, lud ihn auf seine offene Ladefläche und transportierte ihn so ins nächstgelegene Krankenhaus: 27 Knochenbrüche am ganzen Körper, den Schädel eingedrückt, Unterkiefer gebrochen, Ruptur der Aorta. Ein Wunder, wie – und dass – er überlebte. Seine Botschaften aus dem Krankenhaus, die brasilienweit im Fernsehen übertragen wurden, sind legendär. Als er nach einigen Wochen wieder einigermaßen „zurechtgeflickt“ war, aber noch nicht sprechen konnte, schickte er handgeschriebene Zettelchen durch die Krankenschwestern an die Journalisten draußen. Darauf gekritzelt: „Mir geht es wieder besser. Gott segne euch alle!“

Als ich ihn persönlich zum letzten Mal 2004 in *São Paulo* zusammen mit meiner Frau und unseren beiden damals sechs- und acht-jährigen Söhnen traf, umarmte er alle und sagte dann: „Conrado, ich bete jeden Tag für dich und deine Familie.“ Ich bin sicher, das sagt er auch anderen, und es war wahr. (Hoffentlich hält er sich jetzt als Heiliger im Himmel auch weiterhin daran!)

Am 27. August 2006 starb Dom Luciano an der letzten von vierzehn noch weiteren durch den Unfall notwendigen Operationen. Ich habe mich mit folgendem kleinen Stoßgebot von Luciano verabschiedet:

> „Heiliger Luciano, bitte für mich und für die ganze katholische Kirche, auch die römische. Vielleicht versteht Dich Johannes Paul II. jetzt im Himmel besser als damals in Rom, als du von dort zurückkamst und ich dich fragte: ‚Hast du das denn nicht dem Papst gesagt?‘ Deine Antwort war: ‚Conrado, ich hab´s ihm gesagt, aber er hat es nicht verstanden.‘“

Dom Luciano im Gespräch mit Dom Helder Camara. Foto Douglas Mansur.

Morgens um zwei... Dom Helder Camara

Welche Art von Glaube und Kirche beseelte Dom Helder? Jeden Morgen um zwei stand er auf, um zu beten und zu meditieren. Er las Bücher, hörte Musik. Der Tag begann für ihn mit dem Gebet und der Gottesbegegnung in Stille und Meditation. Aber der Glaube war für ihn nichts Frommes und Lebensfernes, nicht „Opium" für das Volk. Aus diesem Stillwerden schöpfte er alle Kraft, um dann zeigen zu können, wie sichtbar, sozial und politisch Glaube sein muss. Dom Helder gehört zu den großen Kirchenvätern, die das Christsein für die heutige Zeit neu definierten und vorlebten. Der kleine Bischof stellte sich der mächtigen Diktatur entgegen, bis diese ihm das öffentliche Wort in Brasilien verbot. Nicht einmal sein Name durfte in den öffentlichen Medien genannt werden. Bei seiner Amtseinführung als Erzbischof von *Recife* hatte er unter anderem gesagt: „Klagen wir niemanden als ‚Kommunisten' an, der nur Hunger und Durst nach Gerechtigkeit hat". Er selbst wurde fortan immer als der „rote Erzbischof" oder als „Kommunist" beschimpft.

Beim Konzil in Rom (1962-1965) hatte der Bischof aus Brasilien kräftig hinter den Kulissen mitgemischt, auch wenn er mit seinen Ideen oft auf verlorenem Posten zu stehen schien. Er hatte seinem Freund Papst Paul VI. die Idee vorgetragen, zum Konzilsabschluss mit möglichst vielen Bischöfen feierliche heilige Dankesmessen zu zelebrieren. Statt jedoch die Ritter und den ganzen Adel der Stadt Rom einzuladen und für sie die ersten Plätze zu reservieren, dachte Dom Helder mehr an eine heilige Messe nur mit der Arbeiterklasse und den Armen Roms. Sie sollten die Ehrenplätze innehaben:

> „Ich stelle mir vor, es kämen Arbeiter aus Rom und aus den Nachbarländern. Während der Messe übernähmen wir konkrete und tiefgreifende Verpflichtungen... Das Wenigste, was wir mit Blick auf die Armen versprechen könnten, wäre, die Lila-Gewänder abzulegen und auf den Titel Exzellenz zu verzichten... Nach der Messe gäbe es ein gemütliches Beisammensein bei einem Tässchen Kaffee mit der Arbeiterklasse."

Dom Helder Camara, immer zurückhaltend und bescheiden, wenn es um seine eigene Person ging, doch umso freier, umso glaubwürdiger, wenn er seine Stimme zugunsten der Entmündigten und Entrechteten erhob, schrieb – morgens um zwei – während des Konzilsgeschehens in Rom in seinem Brief Nr. 12 an seine Freunde in Rio de Janeiro:

> „Verzeiht mir meine Träume! Die Intention ist so selbstlos und reinen Herzens. Die Liebe zur Kirche so groß. Ich sehe in meinem Traum diese Kirche in vorderster Front, ganz vornean im Einsatz für die Erniedrigten und die Armen! Helft alle mit, so viel ihr könnt. Ohne Opfer und ohne Gebet geht nichts."

Bei allen Konflikten während des Konzils, bei allen Konfrontationen der Meinungen war es ihm immer ein besonderes Anliegen, dass es „keine Sieger und keine Besiegten" geben durfte. Er machte sich nichts vor über die Differenzen in den einzelnen Köpfen.

Aber worum es ihm ging, war unumstößlich. Der Glaubenshorizont Dom Helder Camaras *war* weit, unendlich weit und unendlich viel traute er diesem noch unendlicheren Gott zu. Von Dom Helder kann man Glauben lernen. Er scheute kein Thema. Er hatte keine Angst. Und er war ein Kämpfer und Beter, wenn es darum ging, etwas in der Kirche zu bewegen. Würde er unter unserem heutigen Papst Franziskus noch leben und wirken können, würden Reformen mit Begeisterung vorangetrieben und konkrete Änderungsvorschläge dem Papst noch „am gleichen Tag" unterbreitet. Er würde keine Minute untätig verstreichen lassen, wenn vom Papst selbst die Bitte um „mutige Reformvorschläge" käme. Die notwendigen „Mehrheitsverhältnisse" würde er bei seinen Bischofskollegen schnell beschaffen.

Dom Helder ging es zum Beispiel auch um die Frage der Frau in der Kirche und wie man mit diesem Thema schneller vorankommen konnte. An seine Freunde in Rio de Janeiro schrieb er am 13. Oktober 1963 in seinem zehnten der täglichen Konzilsbriefe von einer gewissen Marie Thérèse, die sich damals in Rom aufhielt und zusammen mit Pater Paul Gauthier für eine Kirche der Armen kämpfte:

> „Marie Thérèse erinnerte daran, dass die Bischöfe des Orients näher am Urchristentum geblieben seien. Und so habe der Bischof ihr nach vierjähriger Tätigkeit unter den Arbeitern und den Armen in Bethlehem in Judäa die Hände aufgelegt… McGrath [von der Theologenkommission des Konzils] war offensichtlich angetan und darüber beglückt. Er fragte, welche Erklärung der Bischof ihr gegeben habe. Daraufhin Marie Thérèse: Er sagte, er mache genau das, was in der Apostelgeschichte bereits beschrieben wird. Ich hätte eine schwere Mission vor mir und also legte er mir die Hände auf.´"

Das schrieb Dom Helder am 17. September und gut einen Monat später kam er in seinen Briefen wieder auf das Thema der Diakoninnen im Dienst der Armen zu sprechen, nachdem er, abweichend vom Thema, zunächst sehr kritische Worte fand über die Art und Weise, wie das Christ-Königs-Fest in der Kirche gefeiert wurde: Er gab seine innigsten Wünsche nach einer anderen Kirche zu erkennen. In den brasilianischen Basisgemeindetreffen der Folgejahre filmten wir immer wieder die großen Transparente mitten unter den drei bis viertausend TeilnehmerInnen mit Slogans wie: *„O novo jeito de ser igreja“* oder: *„O novo jeito de toda Igreja ser“* – „Eine neue Art Kirche ist möglich/Diese neue Art (gilt) für die ganze Kirche!“ 1981 filmten wir Dom Helder bei einem Firmgottesdienst mit etwa 50 Firmlingen in einer der Kirchen *Recifes.*

Wir hielten uns damals eine Woche lang in der Hauptstadt des Bundeslandes *Pernambucu* auf, um in einer Schule die Erfahrungen mit einem Puppentheater auf Film festzuhalten: biblische Geschichten wie die vom Samenkorn, das unter die Dornen, auf die Straße oder auf fruchtbaren Boden fällt. Oder vom Mann, der unter die Räuber fällt... und von den Letzten, die die ersten sein werden... Während dieser Dreharbeiten in *Recife* gab es genügend Möglichkeiten, Dom Helder bei verschiedenen Anlässen an verschiedenen Tagen zu begleiten. Wir waren dabei, als er abends mit den Armen und Kindern auf einer Straße auf dem Boden saß und mit ihnen die Suppe löffelte und Babys um ihn herum krabbellten. Da saß er in seinem weißen Talar mit dem hölzernen Brustkreuzchen um den Hals. Da saß er, mitten auf einer schmutzigen Straße. Wir besuchten ihn anderntags in seiner Wohnung in der alten Sakristei einer seiner Stadtkirchen. Wie kam Erzbischof Dom Helder Câmara zu diesem Lebensstil?

Beim Zweiten Vatikanischen Konzil hatte Dom Helder zu jener Gruppe gehört, die den sogenannten Katakombenpakt für eine arme und dienende Kirche ausgearbeitet hatte. Dieser Pakt mit 13 Selbstverpflichtungen der Bischöfe wurde während jener feierlichen Messe am 16. November 1965, kurz vor Abschluss des Konzils, in der Domitilla-Katakombe Roms publik gemacht und schließlich von 500 Konzilsbischöfen unterschrieben. Beim Konzil versammelt waren jedoch 2500 Bischöfe aus aller Welt. Und die große Mehrheit konnte offenbar mit diesen „Schnapsideen einiger Sonderlinge“ unter den Bischöfen nicht viel anfangen. Aus jenen feierlichen heiligen Messen mit der Arbeiterklasse und mit den Armen der Stadt war zwar nichts geworden, aber dafür diese feierlichen Messen in den Katakomben Roms, einmal mit der Weihe der Diakonin Monica und zum anderen mit den Bischöfen, die den Katakombenpakt unterschrieben hatten. Und der Pakt mit den Selbstverpflichtungen hatte auf jeden Fall seine Wirkung. Papst Paul VI. wusste genau, worum es ging, und als er dann auch noch allen Konzilsbischöfen zum Abschied einen einfacheren Bischofsring ohne die dicken Edelsteine als Erinnerung an das Konzil schenkte, schreibt Dom Helder in seinen Tagebüchern: „Einige meiner Nachbarn in der Konzilsaula, auch apostolische Nuntien, nutzten das auf gemeine Art, um sich über die Kirche der Armen lustig zu machen." Doch Dom Helder versäumte es nicht, dem Papst in einem Brief persönlich zu danken.

Es gab vonseiten der Bischöfe, die sich in der Rolle eines Prinzen oder Fürsten immer sehr wohl gefühlt hatten, viel Widerstand gegen die bischöfliche Bescheidenheit. Dom Helder musste von solchen Äußerlichkeiten wohl innerlich immer mehr angeekelt gewesen sein und fragte sich bereits zu Anfang des Konzils, wie der gute Papst Johannes XXIII. sich davon befreien könnte:

Dom Helder wollte die mittelalterliche europäische Kirche in wahrhaft katholischere Bahnen gelenkt sehen, die mehr den Evangelien und der Frohbotschaft Jesu entsprochen hätten. Die Kirche musste sich reformieren. Er kämpfte um jene neue Art von Kirche, die in den Nachfolgejahren in den Basisgemeinden Gestalt annahm. Die täglichen Briefe aus dem Konzil sind lesenswert, vor allem für Menschen, die an Konzil und kirchlicher Erneuerung interessiert sind. Es kam eine Armutsbewegung in Gange, die bis heute ihre Spuren hinterlassen hat. Zurück aber nach *Recife*, zum Erzbischof dieser Millionenmetropole, zu Dom Helder Camara. Wie gelang es ihm, den Katakombenpakt mit den Selbstverpflichtungen der Bischöfe selbst in seiner Diözese und in seinem eigenen Leben umzusetzen?

1968, drei Jahre nach dem Konzil und direkt nach „Medellín", verteilte der Erzbischof Helder Camara die Ländereien der Erzdiözese an arme Familien und vermachte ihnen auch – durch Umfunktionierung – den Palast des Erzbischofs von *Recife São José dos Manguinhos*. Der Palast war im 19. Jahrhundert durch den geschäftstüchtigen Grafen Loyo als dessen Residenz erbaut worden, mitten in einem elitären Stadtviertel mit Privatpolizei und Privatschutz an allen Ecken der Straßen. Am Anfang des 20. Jahrhunderts kaufte ihm die Erzdiözese den Palast ab und baute ihn in traditionellem kirchlichen Stil zur Bischofsresidenz um. Dazu gehörte ein riesiges Areal mit vielen prächtigen Mango-Bäumen, woher auch der Name *São José dos „Manguinhos*" kommt. Darin untergebracht war die Residenz der Erzbischöfe und gleichzeitig die Metropolitankurie. Dom Helder schreibt in seinen Nach-Konzils-Tagebüchern, das alles sei „zu viel Haus für einen einzigen kleinen Bischof"... Es sei ja wie eine *Fazenda* mit so viel Grund und Boden. Der kleine Erzbischof war traurig, weil seine Leute Nachtwachen aufstellen mussten, um das Anwesen zu schützen und die auf der Veranda Schlafenden zu kontrollieren. Er hatte Angst vor Gewaltanwendung diesen Schutzsuchenden gegenüber. Am 14. März 1968 zog Dom Helder um. Er wollte ein „sichtbares Zeichen" setzen. In einem seiner Briefe beschrieb er seine ersten Eindrücke von seiner neuen Wohnung in einer alten Kirchensakristei und was ihm daran so gefiel: „Türen ohne Schlösser, Fenster ohne Gitter, ein kleiner Vorgarten noch im Entstehen, ein Bett aus Holz – das in Manguinhos war aus Bronze und vergoldet. Und außerdem noch die Gesellschaft zweier Toter in den alten Kirchengruften und eines Lebenden - im Tabernakel."

Da wohnte nun Dom Helder Camara, der Erzbischof von *Olinda-Recife*, bis zu seinem Tod 1999. Ihn selbst erinnerte das an den Gegensatz von Vatikan und Katakomben und er schrieb, dass er diesen Wechsel vom „Großgrundbesitz" zu „seinem Häuschen" in der Kirche *das Fronteiras* hinkriegen müsse. Dieser Wechsel hatte Folgen, nicht nur für sein Privatleben, sondern auch für die ganze kirchliche Pastoral und die Arbeit seiner Weihbischöfe und Priester. Er hatte von da an kein Privatauto mehr, keine Privatsekretärin, kein fertiges Essen zu festgelegten Zeiten. Der ganz groß und berühmt gewordene kleine Erzbischof Dom Helder Camara nahm die Selbstverpflichtungen des Katakombenpaktes ziemlich wörtlich, so zum Beispiel direkt die erste: „Wir werden uns bemühen, so zu leben wie die Menschen um uns herum üblicherweise leben, im Hinblick auf Wohnung, Essen, Verkehrsmittel und allem, was sich daraus ergibt (vgl. Mt. 5,3; 6,33-34; 8,20)."

Sein eigener neuer Lebensstil brachte notgedrungen Änderungen und Zweckentfremdung einiger anderer Gebäude der Erzdiözese mit sich. Er wollte, dass sich nicht nur sein Großgrundbesitz *Manguinhos*, sondern auch ein weiterer alter Bischofspalast in *Olinda* in ein „Haus für das Volk" verwandelte. Ein weiterer Bau sollte verkauft und der Erlös großenteils „Sozialbauten zur Verfügung gestellt" werden. Die Priesteramtskandidaten und Seminaristen, die in einem weiteren alten Kolonialbau in *Olinda* untergebracht waren, sollten künftig in kleinen Wohngemeinschaften mitten unter dem Volk leben. Und das Seminargebäude sollte für Kurse und Lehrgänge vieler bedürftiger Menschen im Nordosten Brasiliens zur Verfügung gestellt werden.

Es geschah dann sehr schnell, was in der „heiligen römischen" Kirche geschehen musste. In Rom wurde nicht gerne gesehen, dass die Ortskirchen so selbständig sind, dass sie sogar die Seminaristen „mitten unter dem Volk" leben lassen. Kardinal Garonne aus dem Vatikan bat Mons. Pavarello, nach *Recife* zu reisen, um nach dem Rechten zu schauen. Dieser blieb lange Zeit dort und brachte alle Informationen zu Papier, um sie in Rom vorzulegen. Daraufhin kamen von dort neue Richtlinien, doch die Bischöfe des ganzen Nordostens Brasiliens standen zu Dom Helder und zu dieser neuen Art der Priesterausbildung.

Das weiße Mäuerchen vor der Sakristei des Kommunisten-Bischofs wurde irgendwann von Maschinengewehren durchlöchert und daran geschrieben: „Brasilien! Entweder liebst du es oder verlässt es." Überall in Brasilien drang man in Gebäude und in die Kurien der Regionalstellen der CNBB ein. Ausländische Priester wurden des Landes verwiesen. Der schwierigste Anschlag gegen Dom Helder selbst muss für ihn der Verlust von Pater Pereira gewesen sein, der Diözesanverantwortlicher für die Jugend war. Weil es schwierig war, Dom Helder etwas anzutun, wurde der Priester entführt, gefoltert, verstümmelt, ermordet und seine Leiche im Mai 1969 auf den Campus der Universität von *Recife* abgeladen.

Dom Helder hatte sich immer voller Hoffnungen an den „heiligen Vater" geklammert und an ihn gewandt, in der Hoffnung, der würde ihn verstehen. Wenn nicht der heilige Vater, wer dann? Doch dieser heilige Vater hat ihn nicht verstanden, nicht im entferntesten. Dom Helders Rücktrittsgesuch wurde von Johannes Paul II. direkt angenommen und 1985 wurde auch schon ein neuer, Rom extrem gefügiger Bischof als Nachfolger eingesetzt, Dom José Cardoso Sobrinho. Dieser zerschlug alles, was Dom Helder gelebt und aufgebaut hatte. Alles wurde rückgängig gemacht. José Cardoso sollte alles wieder „richten", so der Wunsch Roms. Nichts blieb heil. Als ein dreizehnjähriges Mädchen von einem Kirchenangestellten vergewaltigt wurde und in seiner Not dann das Baby abtrieb, wurde dieses Mutter-werdende selbst-noch-Kind vom neuen mächtigen Erzbischof exkommuniziert und der Vergewaltiger nach einer korrekten Beichte beim Bischof zu seinem „Obermessdiener" befördert. Das machte weltweit Schlagzeilen, nicht gerade zugunsten der Glaubwürdigkeit unserer „Mutter Kirche". Die Evangelisierung Dom Helders sah anders aus. Er wohnte weiterhin bis zu seinem Tod am 27. August 1999 in der Sakristei und starb dort im Alter von 90 Jahren.

Irgendwann damals, nachdem wir die Interviews mit Dom Helder gemacht hatten, traf ich ihn bei einem Zwischenstopp auf dem Flughafen von Lissabon. Wir standen eine Weile beisammen und ich bemerkte, dass er die Blicke sehr vieler Passanten auf sich zog. Er war bekannt. Auf meine Frage, wie das so ist, wenn man weltweit berühmt ist, antwortete er, den rechten Arm immer weiter in die

Höhe bis zum „Himmel" gestikulierend: „Mein Freund" – und seine Augen gingen auch gen Himmel – „durch Christus, mit Christus und in IHM ist dir, Gott, allmächtiger Vater, in der Einheit des Hl. Geistes, alle Herrlichkeit und Ehre jetzt und in Ewigkeit." Und dann sagten wir beide uns anschauend und schmunzelnd: „Amen!"

Kardinal Dom Aloísio Lorscheider

Immer wenn ein kirchlicher Würdenträger seine Option für die Armen und Ausgegrenzten zeigt, ist das mit Risiken verbunden. So ging es auch dem Kardinal von *Fortaleza*, Dom Aloísio Lorscheider, der verschiedenen Attentaten der extremen Rechten entkam. Seine besondere Liebe galt den Gefangenen in den unmenschlich überfüllten Zellen der Gefängnisse. Immer wieder besuchte er sie, wurde mehrfach in Gefängnissen auf den Boden geschlagen, gekidnappt und als Geisel genommen. Danach besuchte er auch schon mal die Mutter eines Kidnappers, um ihr Trost zu spenden und ihr zu sagen, dass ihr Sohn ein guter Mensch sei und er sich für seine Freilassung einsetzen wolle. Kardinal Lorscheider war ein Mann mit der Fähigkeit, den „Geruch seiner Schafe" anzunehmen, um ein Wort von Papst Franziskus zu gebrauchen und der Bereitschaft, diese Menschen immer zu verteidigen. Kardinal Lorscheider suchte eine andere Kirche und ein lebendiges Christentum, das „der Welt eine große Hoffnung" geben könne.

Zusammen mit seinem Cousin, dem Bischof Ivo Lorscheiter, und mit Dom Luciano Mendes de Almeida SJ. machte Dom Aloisio die CNBB, die brasilianische Bischofskonferenz, zu einer der wichtigsten Bischofskonferenzen der katholischen Welt. Dom Aloísio gehörte am Ende des Zweiten Vatikanischen Konzils auch zu den Erstunterzeichnern des Katakombenpaktes für eine arme und dienende Kirche. Er wurde bei den zwei Papstwahlen im Jahre 1978 (nach Paul VI. und dem plötzlichen Tod von Papst Johannes Paul I.) von den Medien als papabile gehandelt. Dann aber wurde Karol Józef Wojtyła zum neuen Papst gewählt, der sich den

Namen Johannes Paul II. gab. Lorscheider war zu der Zeit Vorsitzender der brasilianischen Bischofskonferenz (CNBB) und gleichzeitig Vorsitzender der lateinamerikanischen Bischofskonferenz (CELAM). Über diese Zeit und einige „Machtspielchen" bei der dritten Generalversammlung der lateinamerikanischen Bischöfe in Puebla (1979) schrieb der Theologe und gute Kenner der nachkonziliaren Kirche Südamerikas, José Comblin:

> „Als Präsident des CELAM hatte Dom Aloísio schon bald vom Vatikan zu spüren bekommen, dass man seiner Autorität Grenzen setzte und ihn kontrollierte. Man machte ihm das Leben schwer. ... Er allein weiß, wie viele Demütigungen er von Generalsekretär Lopez Trujillo hinnehmen musste und zu ertragen hatte."

Nach der Eröffnungsrede der Generalversammlung durch Papst Johannes Paul II. schauten sich viele perplex an und ließen verzweifelt die Köpfe hängen. Einer alten Leier gleich hatte der Papst in seiner Rede die Argumente wiederholt, mit denen Alfonso López Trujillo in all den Jahren gegen die Theologie der Befreiung, gegen eine volksnahe Bibellektüre und gegen die Basisgemeinden zu Felde gezogen war. Immer nur hatte er vor einer marxistischen Infiltration der Kirche gewarnt. Das Christentum in der Auslegung der Befreiungstheologie sei in Wirklichkeit ein schön geschminkter Kommunismus, so Trujillo. Man wolle das Volk in die Irre führen. Nach dieser kalten Dusche vom Papst über die nun in *Puebla* versammelten lateinamerikanischen Bischöfe reiste Johannes Paul II. weiter zu anderen Stationen in Mexiko, während Kardinal Aloísio Lorscheider versuchte, einen klaren Kopf zu bewahren und alles wieder zu sortieren und zurechtzurücken. Ihm gelang es, die Begeisterung der Bischöfe wieder auf die vor elf Jahren im kolumbianischen *Medellín* gefassten Beschlüsse zu lenken. Daran müsse nun der Glaubwürdigkeit halber angeknüpft werden, so Lorscheider damals. Das sei die Ausgangsbasis. Zum Glück war die große Mehrheit der damals in *Puebla* versammelten Bischöfe auch schon in *Medellín* dabei gewesen, hatte also selbst für die Option für die Armen gestimmt und seit der Zeit – ganze elf Jahre lang – aus eigener Überzeugung am Aufbau des Gottesvolkes in tausenden von kleinen Basisgemeinden mitgewirkt. In *Puebla* konnte nun dank Lorscheider *Medellín* weitergedacht werden. Es wurde immer klarer und auch so formuliert, welches Potential die Evangelisierung der Armen in sich hatte. Die Armen selbst sind es, von denen sich auch die Bischöfe evangelisieren lassen wollten. Sie verkörperten den Mensch gewordenen Gott, den armen Jesus von Nazareth, am besten. In der Nähe zu diesen Armen sind wir ganz in der Nähe und in der Anbetung Gottes.

Mit Dom Aloísio machten wir am 6. September 1995 in Rom ein Interview. Wir trafen ihn in den Gärten des brasilianischen Kollegs, um von ihm Grundsätzliches über das Zweite Vatikanische Konzil zu erfahren, von dessen Aufbrüchen doch inzwischen die Kirche wieder so weit sich entfernt zu haben schien. Auch damals war noch das immer klare und mutige Vor- und Weiterdenken des Kardinals ersichtlich:

> „Ja, es war ein eindeutiges Anliegen des Konzils, dass die Kirche in einen Dialog mit der Welt von heute trete. Die Welt entfernte sich immer weiter von der Kirche und umgekehrt. Der Blick der Kirche auf die Welt von heute war voller Pessimismus. Also wollten wir wieder neu die Werte entdecken, die die Welt für das Leben der Menschheit hat. Und innerhalb dieser Welt lebt die Kirche und hat ihre Rolle als Ferment zu erfüllen. ... Es kamen neue Sichtweisen auf, ein neues Verständnis: Kirche wurde mehr gesehen als Gemeinschaft und als Teilhabe, Kirche, die ihren Beitrag leistet als Dienerin der Menschheit, um mit ihr zusammen das Reich Gottes zu verwirklichen."

Und auf die Zwischenfrage an den Kardinal, ob die kirchliche Hierarchie dieser Welt nicht eher im Weg stehe, antwortete Dom Aloísio, dass das tatsächlich tendenziell so sei. Die römisch-katholische Kirche müsse sich auf jeden Fall dezentralisieren und die Kollegialität und Gemeinschaft der Ortskirchen stärken. Wir kamen auch auf die Romhörigkeit und Romabhängigkeit der Bischöfe zu sprechen, die durch das Gehorsamsgelübde der Bischöfe zementiert würde. Von den Konzilsidealen entferne man sich immer weiter. Er war davon überzeugt, dass es in der Kirche einen *rollback* gäbe und alle Entwicklungen auch in der brasilianischen Kirche wie die Priestervereinigungen, die Zusammenschlüsse der Ordensleute oder die Laienbewegungen wieder rückgängig gemacht werden sollten. In Brasilien hatten sich diese Strukturen in den 1970-80er Jahren aufgebaut. Sie waren gewollt und gefördert von der Bischofskonferenz. Etwa die Priester und die verheirateten Priester mit ihren Frauen, die weiterhin bereit waren, der Kirche zu dienen, sie alle hatten ihre eigenen nationalen Organisationen, durch die sie auf den Generalversammlungen der CNBB vertreten wurden. Der Zusammenschluss der Ordensleute (CRB) war und ist bis heute sehr stark, so dass ein Diözesanbischof sich ganz „schön benehmen" muss, um noch Ordensleute - von denen jeder Diözesanbischof ziemlich abhängig ist – für seine Diözese zu gewinnen. Oder auch die landesweit agierenden Laienorganisationen, wie etwa der CIMI (*Indígena*-Missionsrat), die CPT (Kommission der Landpastoral) und vor allem die neue Wege suchenden und findenden Basisgemeinden und ihre (politischen) Tätigkeiten. Den Leitern und Leiterinnen der Basisgemeinden wurden Bibelkurse und -studien ermöglicht, um besser für ihre Aufgaben gerüstet zu sein. Diese Kurse werden vom CEBI angeboten, dem ökumenischen Zentrum für biblische Studien. Das alles entglitt natürlich den Kontrollorganen Roms. Brasiliens Kirche war souverän genug und ihre Bischofskonferenz trat selbstbewusst und mutig auf, auch Rom gegenüber.

Wir wussten um sehr unglückliche neue Bischofsernennungen in Brasilien und dass diese immer wieder direkt vom Papst über den Nuntius an der Bischofskonferenz und am Volk Gottes vorbei durchgesetzt wurden, was auch Dom Aloísio so sah.

Der große Kirchenmann Kardinal Dom Aloísio hatte es den Römern sowohl unter dem Polen-Papst Johannes Paul II. und Kardinal Ratzinger, der sich selbst immer für sehr kompetent in Glaubenssachen hielt, sicher nicht immer leicht gemacht. Um so mehr berichteten die größten brasilianischen Zeitungen und Medien, die in den Händen der Unterdrücker des Volkes lagen, über die kleinsten

„Zwistigkeiten“ zwischen Rom und den brasilianischen Bischöfen. Sie ergötzten sich daran. Sie wollten klarstellen und beweisen: Seht da, unsere Bischöfe und einige Kardinäle verkünden nicht den rechten Glauben. Sie mischen sich in Dinge ein, die sie nichts angehen. Sie sind „falsche Propheten“. Sogar der Vatikan ist gegen sie. Sie sollten sich gefälligst in ihre Sakristeien zurückziehen, wo sie hingehören... Die Medien wollten gerne einen Keil zwischen das gläubige Volk und seine Hirten treiben. Doch das gelang ihnen nicht, weil das Volk am eigenen Leibe erfuhr und sehr wohl unterscheiden konnte, wo die Wahrheit lag. Da war zum Beispiel in einem Artikel in Folha de São Paulo vom 18. Okt. 1988 zu lesen: „Dom Aloísio und weitere ‚Progressive‘ werden vom Vatikan zurechtgewiesen.“ Oder: „Die vatikanische Kongregation für die Bischöfe schickt eine Reihe von Zurechtweisungen an die fortschrittlichen Bischöfe Brasiliens. Unter den Empfängern ist der Kardinal Erzbischof von *Fortaleza*, Dom Aloísio Lorscheider, außerdem der Erzbischof von *João Pessoa*, Dom José Maria Pires und die Bischöfe der Diözesen von *Nova Iguaçu*, Dom Adriano Hypólito und von *Volta Redonda*, Dom Waldyr Calheiros [u.a.], ein Artikel von Dermi Azevedo.“ Weitere Schlagzeilen aus Zeitungen zwischen 1985 und 1990 lauteten: „Vatikan beschneidet den Einfluss der progressiven Bischöfe der CNBB“ oder: „Wirkungsvolle Strategie von Johannes Paul II. ist die Ernennung konservativer Bischöfe.“ Ein anderer Artikel war überschrieben: „Die Streitkräfte Lateinamerikas wollen die Befreiungstheologie niederschlagen.“ Darin war zu lesen, dass sich die auf ihrer 17. Kontinentalkonferenz versammelten Streitkräfte 1987 in *Buenos Aires* entschlossen hatten, einen „intensiven Schlag gegen die Befreiungstheologie zu starten.“ Ein weiterer Artikel redete davon, dass sich die USA Sorgen um die Kirche Südamerikas gemacht hätten. Wie nett, wenn es nicht so traurig gewesen wäre: Die Vereinigten Staaten von Amerika machten sich Sorgen um die Wege der Kirche und das genau ein Jahr nachdem die Bischöfe in *Medellín* die neuen Richtlinien der Verkündigung des Evangeliums festgelegt hatten. Der nordamerikanische Senator Nelson Rockefeller, so stand es da zu lesen, reiste durch die Länder Südamerikas und stellte einen Bericht über die kirchliche Neuausrichtung, sprich Befreiungstheologie, und die damit verbundenen Gefahren zusammen. Bekannt war auch schon damals, wie die Interessen des Vatikans mit denen der USA übereinstimmten. Ratzinger wurde z.B. in den Tageszeitungen anlässlich eines Besuches in Kolumbien und einer Rede vor den dortigen Ortsbischöfen damit zitiert, dass „den progressiven Theologen das kirchliche Ambiente genommen werden müsse."

In solchen Verfolgungsjagden der lateinamerikanischen Kirche, sowohl von Seiten der großen Politik als auch vonseiten der römischen Kurie war dieser Kirchenmann, Kardinal Dom Aloísio Lorscheider, schon sehr bewundernswert. Er führte gegen alle Widerstände das Schiff der lateinamerikanischen und brasilianischen Kirche als guter Steuermann durch wilde Gewässer und hohe Wellen. Natürlich schaffte er das nicht alleine. Er konnte sich auf seine „Mannschaft", aus dem Zweiten Vatikanischen Konzil und *Medellín* verlassen. Diese Generation von Bischöfen und Kardinälen stand zusammen. Zu der eindeutig klaren Linie Lorscheiders gehörten auch noch ein paar Aussagen zu aktuellen Themen, die er kurz vor seinem Tod einigen Freunden gewährte, und die in Buchform erschienen sind. Sie belegen seine gläubige Haltung, die sich auf das Evangelium und auf die Urkirche stützte. Im Februar 1983 kam es zu einem nationalen Treffen, eine Art Kongress der verheirateten Priester mit ihren Frauen, in *Fortaleza*. Dom Aloísio hatte eingeladen und ließ es sich nicht nehmen, Mut machend und an der ganzen Versammlung teilzunehmen:

> „Er provozierte, forderte heraus und bat inständig, dass die verheirateten Priester ihre Identität im neuen kirchlichen Kontext definieren und theologisch ihren Platz innerhalb der konkreten Gemeinde charakterisieren sollten. Es sei an der Zeit, ‚von der Orthodoxie der Kirche zur Orthopraxie einer Glaubensgemeinschaft' überzuwechseln, indem die bekannte Kategorisierung des kanonischen Rechts überholt würde, um einen ‚neuen rechtlichen Status in einer Situation sui generis zu schaffen und zu belegen'."

Offensichtlich war Dom Aloísio daran gelegen, den Pflichtzölibat vom Priestertum zu entkoppeln. Die auf dem Kongress anwesenden neunundachtzig Priester und ihre Frauen, aus ganz Brasilien zusammengekommen, waren überzeugt, einen Visionär zu erleben, inspiriert von der reinsten paulinischen Theologie. Er widersetzte sich dem Druck aus dem Vatikan und ermöglichte das Verbleiben von vier verheirateten Priestern im Vorstand und in der Koordinierung der theologischen Fakultät und damit auch als Mitglieder im Priesterrat der Diözese, welcher über die Zulassung und Eignung der Kandidaten zum Priestertum entscheidet. Natürlich kam aus Rom bald ein einschränkender Erlass, wonach er drei dieser Theologen entlassen sollte. Er widersetzte sich und es blieb alles beim Alten. „Um ein guter Professor zu sein, ist Kompetenz wichtig, nicht der Zölibat", so der Kardinal.

Auch über die Möglichkeiten der Frauen in der Kirche und Priesterinnen dachte er unvoreingenommen und unbeirrt trotz der „ein für allemal-Klarstellungen" und Verbote von Johannes Paul II. nach. Ihm lag daran, neue Leitungsdienste in den Gemeinden zu finden, um eine ganz und gar ministeriale und missionarische Kirche aufzubauen. Bezüglich des Frauenpriestertum war er der Überzeugung, dass es keinen Grund gäbe, es nicht wieder einführen zu können.

Immer wieder trafen wir bei unseren Filmreisen auf Dom Aloísio. Einmal quartierten wir uns in dem Priesterseminar ein, in dem auch er sein Zimmer hatte. Er war eine immer lächelnde und freundliche Person und fragte uns jedes Mal, wie es uns gehe und worüber wir jetzt Filme machten. Sein besonderes Interesse an *Verbo Filmes* hatte wohl auch mit seinem Cousin, Bischof Ivo Lorscheiter, zu tun, der im Gründungsjahr von *Verbo Filmes* als Nachfolger seines Cousins Aloísio den Vorsitz der CNBB übernommen und mich gebeten hatte, die Filmdokumentationen für die CNBB zu übernehmen.

Bischof Pedro Casaldáliga – *Dom Pedro*

Es gibt sie heute noch, die Heiligen. Es gibt Heilige, die schmücken das Leben mit der Radikalität des Glaubens. Der gebürtige Spanier, Dom Pedro Casaldáliga, ist einer von ihnen. Er ist ein Mystiker wegen seiner Geradlinigkeit des Glaubens und des Hoffens, in der er sich immer treu bleibt. Casaldáliga lässt sich nicht verbiegen. Das verwirrt seine Gegner in Politik und Kirche. Alles, was er sagt, lebt er auch. Und er sagt, was er denkt und fühlt. Und er verteidigt immer diejenigen, die sonst niemanden haben, um sie zu verteidigen. Er macht sich zu ihrem Anwalt und zu dem biblischen Hirten, der sich schützend vor seine Schafe stellt.

Pedro wurde 1928 geboren. Mit 40 Jahren ging er 1968 als Missionar aus dem Claretianer-Orden nach Brasilien und ließ sich in das untere Amazonas-Gebiet nach *São Félix do Araguaia* versetzen. Er wollte fortan Brasilien und Lateinamerika treu bleiben und nicht mehr in seine Heimat Spanien zurückkehren, um Sühne zu leisten für alle Verbrechen, die seine Landsleute auf diesem Kontinent begangen hatten. Papst Paul VI. ernannte ihn 1971 zum Bischof dieser neu zu errichtenden Prälatur. *Pedro* ließ eine Volksbefragung durchführen, um sicher zu sein, ob die Menschen ihn als Bischof haben wollten. Danach gab er selbst einige Bedingungen vor, unter denen er das schwierige Amt übernehmen wollte: statt *Mitra* wollte er einen Strohhut tragen und einen schwarzen Ring aus der *Tucúm*-Palme, den auch die dort ansässigen indigenen Völker tragen. Ebenso wünschte er sich als Hirtenstab ein selbstgeschnitztes Ruder der *Tapirapé*-Indianer. Auf seinem Einladungskärtchen zur Bischofsweihe war ein rundes Horn der dort ansässigen Kuhhirten abgebildet und auf der Rückseite der Einladung sein künftiges Programm gedruckt:

> Deine *Mitra* sei: ein Strohhut des Volkes, die Sonne, der Mond, Regen und Tau, der Blick der Armen, mit denen zusammen du unterwegs bist und der glorreiche Blick Christi, deines Herrn.

Dein *Hirtenstab* sei: die Wahrheit des Evangeliums und das Vertrauen deines Volkes in dich.

Dein *Ring* sei die Treue zum Neuen Bund des befreienden Gottes und die Treue zum Volk dieser Erde. Kein anderes *Wappen* wirst du haben als die Kraft der Hoffnung und die Freiheit der Kinder Gottes.

Es war der 23. Oktober 1971 in *São Félix do Araguaia*, Abend und Vollmond am Ufer des *Araguaia*-Stromes. Drei Bischöfe aus der Region weihten den 43-jährigen Pedro Casaldáliga zum neuen Bischof. Diese Bischofsweihe wurde nicht nur richtunggebend für die neu gegründete Prälatur. Sie nahm auch Einfluss auf die ganze Kirche Brasiliens. Die Feierlichkeiten waren ein einziges Fest des Glaubens in aller nur denkbaren Einfachheit. Zeuge waren der *Araguaia*-Strom (in der Sprache der *Tupi-indígena*: Fluss der Aras) und der hell leuchtende Mond am Himmel. Die Lesungen aus der Bibel betonten die Verpflichtungen, die *Pedro* als Bischof in dieser feierlichen Stunde übernahm und am gleichen Tag wurde der erste Hirtenbrief von *Pedro* verteilt und schlagartig wurden beide in ganz Brasilien bekannt; der Bischof und sein wagemutiger Brief: „Die Kirche am Amazonas im Konflikt mit dem Großgrundbesitz und der soziale Ausschluss."

Auf 123 Seiten wurde in dem Brief die neugegründete Prälatur beschrieben, ihre geografische, ökonomische und soziale Lage, aber vor allem wurden die himmelschreienden und rücksichtslosen Ungerechtigkeiten offen dargestellt, die die Landbewohner, Indios und Landarbeiter, durch Großunternehmer zu ertragen hatten, die wiederum wegen der Regierungsprojekte der Besiedelungs- und Entwicklungspolitik des Amazonas aus den vollen Koffern der öffentlichen Kassen schöpfen konnten. Von Nachhaltigkeit keine Spur. Brasilien und vor allem das riesige Amazonasgebiet müssten aus national-sicherheitspolitischen Gründen erschlossen werden, so die Meinung der Militärs. Alle Aufdeckungen und Vorwürfe im Hirtenbrief *Pedros* waren durch eine Reihe von unanfechtbaren

Dokumenten belegt. Der Bischof richtete sich an das Gewissen und an die Solidarität aller Christen. Er richtete sich an die Großgrundbesitzer und die Politiker und Autoritäten und forderte sie auf, ihre Privatinteressen dem Allgemeinwohl zu unterstellen. Im Dokument wird ebenso klar die Verpflichtung der Kirche umrissen, sich in Treue zum Evangelium Jesu Christi auf die Seite dieses vergessenen Volkes, das keinerlei Lobby hat, zu stellen. Die Reaktionen ließen nicht auf sich warten: Politiker, Militärs, Großgrundbesitzer wehrten sich. Die Medien lagen in ihrer Hand. Sie diffamierten den Bischof, stellten ihn schlecht dar und logen dem Volk vor, ihr Land sei demokratisch und stelle jedem Brasilianer Land zur Verfügung, Großen und Kleinen. Ein Militäroberst wetterte gegen Pedro: „Ein Bischof ohne Glauben". Das Dokument sei „subversiv und verleumderisch". Einige Regierungsmitglieder versuchten zu beruhigen und versprachen, in Kürze würden „allen ihre Ländereien zugewiesen". Sie behaupteten, es gebe keine Sklavenarbeit und überall herrsche sozialer Friede. Sie stellten die Wahrheit auf den Kopf. Der zuständige Minister sagte damals: „Der Bischof übertreibt, wenn er die Ungerechtigkeiten denunziert." Ein brasilianischer Erzbischof unseres Ordens der Steyler Missionare, Dom Geraldo Proença Sigaud SVD, schrieb seitenweise Berichte in den größten Tageszeitungen Brasiliens über - und gegen – Dom Pedro. Er bezog klar Position für die Mächtigen und wollte gewusst haben, dass dieser neue Bischof durch kommunistische Schulen gegangen sei und sich in das Kleriker- und Bischofsamt eingeschlichen habe.

Pedro hingegen, dessen Onkel als Missionar in Afrika ermordet worden war, wusste besser, wer er war und wer er in der Nachfolge Jesu sein wollte. Das gab ihm auch die Größe, auf die Beschuldigungen von Erzbischof Dom Sigaud nicht öffentlich zu reagieren. Dom Sigaud beschuldigte ihn immer aufs Neue und klagte ihn in öffentlichen Auftritten, Interviews, Zeitungen und Pastoralschreiben und in Gegenwart von Fernsehen und Presse an. All seine „Beweisunterlagen" überreichte er dem Apostolischen Nuntius in *Brasilia.* Daraufhin schickte *Pedro* sein neuestes Buch *„Tierra nuestra,* *libertad*" – „Unser Land, Freiheit" mit einer herzlichen persönlichen Widmung von Bischof zu Bischof an Dom Sigaud.

Die Brasilianische Bischofskonferenz (CNBB) stellt sich hinter *Pedro.* Ihr damaliger Generalsekretär, Dom Ivo Lorscheiter, betonte öffentlich im Namen der Bischofskonferenz, das Dokument von Pedro sei „sauber, genau und unparteiisch". Er bat die Gegner Dom Pedros um Beweismaterial für ihre gegenteiligen Behauptungen! Der Pastoralbrief Pedros wurde zu einem Meilenstein in der neuen Geschichte der Kirche Brasiliens, auch wegen seines anklagenden Mutes, und er gab vielen Bischofskollegen Mut, selbst auch klare Positionen zu beziehen. Er wurde in verschiedene Sprachen übersetzt.

Der junge Bischof von *São Félix do Araguaia* wusste, dass ein Hirte wie sein Volk zu sein hat, und er ist darin bis heute unbequem kohärent. Er lief in Sandalen und Jeans-Hosen, ritt auf dem Pferd, ging zu Fuß, fuhr in den alten klapprigen und staubigen Bussen über Land, wohnte trotz ständiger Morddrohungen in einem einfachen Haus mit offenen Türen und Fenstern und Priestergewänder legte er nur bei der Hl. Messe an.

Als ich 1971 als Neuling in Brasilien und als Kaplan in der Stadt des Dreiländerecks, *Foz do Iguaçu,* arbeitete, gab es für mich nichts Faszinierenderes (nicht einmal die wunderschönen Wasserfälle!) als jenen in diesem Jahr geweihten neuen Bischof Pedro Casaldáliga irgendwo „dort oben am Amazonas". Er war für mich ein Vorbild, zu dem ich aufschaute. Ich hatte nie gedacht, ihn jemals so persönlich kennenzulernen. Dazu kam es dann, als ich 1979 die Filmarbeit bei der Bischofskonferenz übernahm und zum ersten Mal an deren Jahresgeneralversammlung teilnahm. Pedro hatte die Texte zur *Missa da Terra sem Males – Messe vom Land ohne Übel* geschrieben und der indigene Komponist Martin Coplas die musikalischen Kompositionen gemacht. Die Messe wurde im Anschluss an die Bischofsgeneralversammlung in der Kathedrale in *São Paulo* von Kardinal Dom Paulo Evaristo Arns zum ersten Mal zelebriert, begleitet von über 40 Bischöfen als Konzelebranten und 7000 Gläubigen. Pedro hatte mich gebeten, Tonaufnahmen der Messe zu machen. Im Nachhinein entstand dann auch eine (etwas improvisierte) Filmdokumentation.

Der Gastgeber Dom Paulo, Kardinal Arns, bat in dieser Messe nach dem Evangelium einen Indio ans Mikrophon, damit er anstelle einer Predigt zu den Leuten über die Situation ihrer Völker spreche. Der Mann redete frei, entschuldigte sich zunächst, dass er nicht gut portugiesisch sprach. Dann redete er über das ihnen genommene Land und über getötete Mitglieder seines Volkes und Dom Helder Camara sprach eine Fürbitte. Dom Pedro schrieb als Vorwort zu seinen poetischen Messtexten des „Landes ohne Übel“:

> „1978 feierten wir das Martyrium der drei Märtyrer des Jesuitenordens, die sich für die Indianer eingesetzt hatten und ihr Leben ließen, Roque Gonzalez, Afonso Rodrigues und João Castilhos. Aber wir hielten es für angebracht, dass nicht nur diese drei Jesuitenmissionare geehrt werden, weil es viel mehr Tote gab. Es müssten ebenso die abertausende von Märtyrern der Indianervölker geehrt werden, die den christlichen Imperien der Spanier und Portugiesen zum Opfer fielen…“

Diese heilige Messe skandalisierte nicht nur bei den Römern. Dom Pedro sagte dazu:

> „Der Ethnozentrismus so wie die Gewinnsucht des Kapitals machen es unmöglich, diese Messe zu verstehen und nicht nur diese Messe, sondern jede heilige Messe. Weil jede Messe, wenn sie wahr ist, notwendigerweise skandalisiert. Die Messe ist immer eine Unterbrechung, Abbruch, ein Opfer, ein befreiender Übergang vom Tod zum Leben: OSTERN! Den ersten Christen war es immer sehr bewusst, welches Risiko sie eingingen, wenn sie das österliche Mahl des Herrn feierten, jenes gefährliche und subversive Sich-Erinnern.“

Bereits zwei Jahre später wurde eine ähnliche Messe in *Recife*, im nordöstlichen Bundesland *Pernambucu* und in der Stadt und Diözese Dom Helders selbst als *MISSA DOS QUILOMBOS* mit Blick auf die Sklaverei in Brasilien im Beisein von achttausend Gläubigen unter freiem Himmel nochmals zelebriert. Die Texte waren wieder von Pedro Casaldáliga und Pedro Tierra geschrieben. Und die Musik und die Rhythmen dazu kamen von dem in Brasilien sehr bekannten und berühmten schwarzen Sänger Milton Nascimento.

Die Feier verurteilte die Sklaverei und die daraus erwachsenen Folgen und Vorurteile gegenüber den Schwarzen in der brasilianischen Gesellschaft. Hauptzelebrant war der selbst schwarze Erzbischof Dom José Maria Pires (Dom Zumbi). Hier betete, sang und tanzte eine neue, befreite Kirche, die sich nichts sehnlicher wünschte, als dass die verschiedenen Völker verschiedener Kulturen einander in der Eucharistie begegnen und das Leben teilen, das Leben gut miteinander leben. Mit sehr viel Rhythmus, der sich einprägte, und mit dröhnenden Trommeln begann der Bußgottesdienst. „Keine Macht wird uns zum Schweigen bringen" wurde mit dem Halleluja und dem Zwischengesang vor dem Evangelium verbunden:

> Als *Quilombolas* frei von Gewinnsucht und Angst, werden wir Dein Evangelium leben, werden wir Dein Evangelium hinausschreien. Keine Macht wird uns zum Schweigen bringen.

Die große Messfeier endete in einem einzigen Hoffnungsgebet, immer wiederholend, wie sehr sich alle sehnen nach den endgültigen *Quilombos, den Quilombos hoch im Himmel.*

Wie sehr sich Pedro Casaldáliga als Bischof mitverantwortlich für den Lauf der Geschichte und der Kirche fühlte, beweist ein bewegendes literarisches Stück über seinen Ad-limina-Besuch und die Begegnung mit den Kurienkardinälen Josef Ratzinger und Bernardin Gantin in der Glaubenskongregation. Er nannte es „Chronik meines Ad-limina-Besuches". Darin schrieb er unter anderem auf fünf Schreibmaschinenseiten über die Verhöre, über die ihm gestellten Fragen und über seine den Kardinälen gegebenen Antworten. So wurde er zum Beispiel gefragt, warum er Personen wie den ermordeten Erzbischof Oscar Romero oder Camilo Torres als Märtyrer bezeichnete, obwohl sie das kirchenrechtlich doch gar nicht waren. Später notiert Pedro weiter, dass von Anfang der Sitzung an die Rede davon gewesen sei, am Ende einen Text, eine Erklärung zu unterschreiben, was Pedro, ohne dass ihm angemessene Bedenkzeit gegeben wurde, zurückwies.

Nach diesen Besuchen bei Kurie und Papst trafen wir, mit unserer Kamera bewaffnet, Dom Pedro auf dem Petersplatz vor dem Vatikan. Wir bekamen ein ganz neues, nie gesehenes Erscheinungsbild von ihm. Etwas klerikaler gekleidet als man es sonst von ihm kannte. Da stand er vor uns in der schwarzen Soutane mit roter Bauchbinde, wie sich das als Bischof gehörte, und mit dem indigenen *Tucúm*-Schmuck um den Hals. Ohne diese alberne Verkleidung hätte man ihn nicht hineingelassen, erzählte er uns. Seinem Rombesuch vorausgegangen war jener erwähnte Brief, den er persönlich an Papst Johannes Paul II. gerichtet hatte. Er sollte ein Dialogangebot sein. Die Aufrichtigkeit und Ehrlichkeit, der Mut zur Wahrheitssuche ist in jedem Satz zu spüren:

> „Lieber Papst Johannes Paul II., Bruder in Jesus Christus und Hirte unserer Kirche!
>
> Schon lange wollte ich Ihnen diesen Brief schreiben. Viel habe ich über ihn nachgedacht und ihn im Gebet erwogen. Ich möchte gerne, dass er zu einem brüderlichen Gespräch führt, in menschlicher Aufrichtigkeit und in der Freiheit des Geistes ... Johannes Paul, Bruder, erlauben Sie mir noch ein Wort brüderlicher Kritik am Papst selbst. So traditionsträchtig Titel wie ‚Heiliger Vater', ‚Seine Heiligkeit' ... auch sein mögen, so wenig entsprechen sie dem Evangelium, wie auch andere kirchliche Titel wie ‚Eminenz' oder ‚Exzellenz'. Solche Titel sind sogar rein menschlich gesprochen extravagant ... Ein weiteres Mal jedoch bitte ich um die Erlaubnis zu einem Wort der Betroffenheit darüber, wie unsere Theologie der Befreiung und unsere Theologen, sowie bestimmte kirchliche Institutionen – sogar die CNBB bei einigen Gelegenheiten –, wie Initiativen unserer Kirchen und einiger Gemeinden dieses Kontinents und deren Vorsteher von der römischen Kurie behandelt werden. [...]
>
> Pedro Casaldáliga Bischof von São Félix do Araguaia Mato Grosso, Brasilien 22. Februar 1986"

Gewöhnlich zweimal im Jahr kam *Dom Pedro* nach *São Paulo* und wohnte bei uns, bei *Verbo Filmes.* Die Anlässe waren verschieden. Für ihn waren wir eine geeignete Anlaufstelle. Er war sehr mit *Verbo Filmes* – und umgekehrt – verbunden und nutzte die Abende, um in unser Filmmaterial „hineinzuschauen“ und an Ideen und Drehbüchern mitzuarbeiten. Auch schrieb er viele Liedtexte für Musik-CDs. Alles Weitere überließ er unserem guten Manager Luiz Walter de Souza, einem Brasilianer, wie er im Buche steht. Ihm gelang es immer, die richtigen Künstler ausfindig zu machen und sie für die Mitarbeit - „alles für das Reich Gottes!“ - zu gewinnen. Einmal im Jahr traf sich Pedro mit etwa 20-30 Bischöfen in *Embú* bei *São Paulo.* Dann brachten wir Pedro dorthin, um sich für einige Tage mit diesen Bischöfen auszutauschen. Einige Weihbischöfe von *São Paulo* waren immer dabei, aber auch lateinamerikanische Bischöfe aus anderen Ländern wie etwa Samuel Ruiz und weitere Kollegen von ihm aus Mexiko und Zentralamerika. Diese Treffen hatten etwas Subversives, waren geprägt vom Geist des Katakombenpaktes.

Pedro nutzte die Aufenthalte bei *Verbo Filmes* auch, um anstehende Arzttermine wahrzunehmen, im Alter ein Hörgerät auszuprobieren, mit dem er anfangs ganz und gar nicht fertig wurde. Von „moderner Technik“ verstand er nicht viel, wollte aber auch nichts verpassen. So schenkte ich ihm einmal ein Fax-Gerät, von dem er seit längerem gehört und geträumt hatte, aber nicht wusste, was es war und wie es funktionierte. Natürlich schickte er sein allererstes Fax von *São Félix do Araguaia* nach *São Paulo.* Ich bewahrte es auf - handgeschrieben: *„Habemos Fax Alleluja! Pfingsten 1991, Pedro!“* Zu der Zeit, man stelle sich vor, hatten wir noch keinen PC und kein Internet. Aber schon ein Fax!

Von *Verbo Filmes* aus startete Pedro einige Jahre lang auch – meist zur Fastenzeit – seine Reisen in verschiedene Länder Zentralamerikas. Er sorgte sich als Bischof der katholischen Kirche um die von all zu viel Leid gezeichneten und verzweifelten kleinen Völker und brachte ihnen die Solidarität der brasilianischen Kirche und seiner eigenen Diözese, gegen die Frechheit US-amerikanischer Konzerne und gegen die imperiale Machtpolitik der USA unter ihrem damaligen Präsident Ronald Reagan. Die US-Marines standen vor der Tür dieser wehrlosen Länder, um jederzeit einzudringen in ihren „Vorgarten" Zentralamerika. So reist Pedro am 28. Juli 1985 zum ersten Mal nach Nicaragua und 1987 in andere zentralamerikanische Länder.

Pedro Casaldáliga fühlte sich als Bischof mitverantwortlich auch für „andere Herden, außerhalb meiner Zäune. Auch für sie bin ich da. Und sie werden hören, wenn ich das Kuhhorn blase, und es wird ein Hirt und eine Herde sein" (Joh. 10,16), wie es bei seiner Bischofsweihe aus der Bibel vorgelesen worden war. Die Mehrheit der Ortsbischöfe dieser drangsalierten Völker Zentralamerikas waren gegen die Besuche des brasilianischen Bischofs und zeigten ihn in Rom an, dass er sich ungebeten einmische. Und in dieser „Romtreue" stellten sie sich auf die Seite derjenigen, die Jesus „Mietlinge" nannte, oder „Söldner", das sind diejenigen, „die keine Hirten sind und denen die Schafe nicht gehören. Sie sehen den Wolf kommen und lassen die Schafe im Stich und fliehen. Der Wolf raubt und versprengt die Schafe, weil dem Mietling an den Schafen nichts liegt (Joh. 10,12-13)".

Einige wenige Bischöfe, darunter Samuel Ruiz und Kollegen aus Mexiko und anderen Ländern Zentralamerikas, aber waren glücklich, diesen prophetischen Menschen in ihre Diözesen einzuladen. Wenige Monate nach seinem Romaufenthalt kam ein Briefumschlag vom päpstlichen Nuntius in *Brasilia* auf den Schreibtisch von Bischof *Pedro* in *São Félix do Araguaia*, mit einer Intimation: Die Dokumente sind absolut geheim, so steht es darauf geschrieben. Doch eine Woche später erhält Pedro bereits vom größten brasilianischen Medienkonzern *Rede Globo* Nachfragen zu diesem Brief und zu seinem Verhältnis zu Rom, ob ihm tatsächlich ein Schweigegebot auferlegt worden sei. Inhaltlich waren in dem Brief aus Rom tatsächlich die Themen ausgeführt, die die Kardinäle Gantin und Ratzinger mit Pedro Casaldáliga behandelt hatten: Befreiungstheologie, Märtyrerwallfahrten, gewisse katechetische Blätter der Diözese, die Kritiken Pedros an der römischen Kurie und seine Besuche in Zentralamerika und Nicaragua. Und jetzt sollte Pedro unterschreiben, dass er mit Disziplinarmaßnahmen einverstanden sei. Er unterschrieb nicht. Bischof Pedro ist ein konsequent gläubiger und hoffender Mensch, getrieben vom Oster- und Auferstehungsgedanken, dass wir im Leben nur Siege erreichen können, wenn wir den möglichen Tod mit einbeziehen. Sein Glaube ist offen, seriös, mutig. Er teilt alles mit, kommuniziert sein eigenes Leben, immer unerschrocken. Er ist offen, transparent, macht sich angreifbar. Das sorgt für Bewunderer und für Gegner, für Freunde und Feinde, ja Hasser, innerhalb und außerhalb der Kirche. Seine Gegner sollten Pedro wenigstens zugestehen, dass er loyal ist. Bevor sie versuchen, ihn mit Kugeln oder durch Richtlinien zu töten, sollten seine Feinde sich lieber selbst hinterfragen, warum dieser verrückte Bischof sie so sehr aus der Ruhe bringt. Die großen Zeitungen Brasiliens der 1980er Jahre kamen an diesem Bischof nicht vorbei, er lieferte immer wieder neuen Stoff.

Es regnete Briefe und Telegramme mit Solidaritätserklärungen für *Dom Pedro* aus dem In- und Ausland. Allen voran meldeten sich die Brasilianische Bischofskonferenz und sehr viele Bischofskollegen zu Wort, aber auch Theologen und theologische Fakultäten, ökumenische Kirchen, Basisorganisationen, Syndikate und politische Parteien. Sie alle meldeten sich, und viele dieser Reaktionen gingen als offene Briefe an den Vatikan. Ordensleute und Mitglieder vieler Basisgemeinden aus dem Bundesstaat *Goiás,* wo ein guter Freund von Pedro Bischof war, schrieben an Papst Johannes Paul II. einen offenen Brief.

Wie eng schnürte Rom die Weltkirche, wie unchristlich römisch möchten die Römer sie gestalten? Mit wie viel Angst und Rechthaberei reagierten sie auf alles, was an neuen Ansatzpunkten aus anderen Teilen der Weltkirche, besonders aus Südamerika, kam? Der deutsche Theologe Hermann Häring, der während seiner Tübinger Zeit Joseph Ratzinger persönlich erlebte, vor allem „als jener während der Studienunruhen 1968 vor lauter Angst nach Regensburg flüchtete", durchblickte die Machenschaften und nannte sie beim Namen. Ratzinger war immer ein ängstlicher Typ, wenn er nur das Wort „Befreiungstheologie" aus Südamerika hörte. Dann versuchte er zu bremsen, Theologen zum Schweigen zu bringen, Neuigkeiten zu verdammen, zu verurteilen, zu verbieten, es besser zu wissen, statt zu ermutigen und seinen eigenen Glaubenshorizont zu erweitern. Wenn Pedro bei uns in *São Paulo* weilte, nutzte er auch immer die Zeit zum „Abschalten". 1990 lief der Film von Kevin Costner „Der mit dem Wolf tanzt" in *São Paulo*, und Pedro bat uns, mit ihm ins Kino zu gehen. Mit dabei war auch meine spätere Frau. Sie bekam an dem Abend von Pedro seinen Bischofsring geschenkt, den sie bis heute aufbewahrt. So tat er es immer, wenn er neue Menschen kennenlernte, in denen er Ehrlichkeit und Suche nach dem Reich Gottes entdeckte. Von diesen schwarzen Ringen aus der *Tucum*-Palme bekam er immer welche von den Indianervölkern seiner Diözese „nachgeliefert". Und bei der Übergabe dieses Ringes, den er dann von seinem Finger abnahm und der anderen Person auf den Finger steckte, erklärte er jeweils kurz den Sinn des Symbols, nämlich „Flagge" zu zeigen für die Armen und Benachteiligten. Das Tragen des Ringes sei ein Bekenntnis zum Bund mit Gott und den Menschen.

Einmal hielten wir Pedro bei uns in *São Paulo* wegen zu vieler konkreter Morddrohungen versteckt. Die Fernbusse durch den Bundesstaat *Mato Grosso do Norte* (in dem seine Bischofsstadt lag), wurden angehalten und es wurde nach dem Bischof gesucht. Irgendwann machten wir uns dann mit dem Produktionsauto von *Verbo Filmes* auf den Weg. Es war ein größerer Über-Land-Wagen mit dunklen Scheiben, in dem man eher Großgrundbesitzer vermuten würde als den armen schmächtigen Bischof von *São Félix*. Wir brachten ihn auf „anderen Wegen" auf über 2000 Kilometern, zur Hälfte noch unbefestigte Straßen, wieder zurück in seine Diözese. Auf dem Weg, bei einem Stopp bei Freunden in *Goiânia* zitterte Pedro oft vor Angst, und wir nicht minder. Denn Kontrollstationen der Polizei gab es überall, aber wir hatten mit unserem

Wagen mit schwarzen Scheiben immer freie Fahrt. Im Haus von Pedro schließlich angekommen, erschien ein Polizist der Stadt mit seinem kleinen Söhnchen, das gerade das Laufen gelernt hatte und sich im Bischofshaus ungeniert in die Hose machte. Was tat Pedro? Er zog dem Kleinen seine Hose aus, wusch sie schnell unter fließendem Wasser, machte alles wieder sauber und hing es zum Trocknen in die heiße Sonne, bis es dem Kleinen wieder angezogen werden konnte. Vom Inhalt des Gespräches mit dem Stadtpolizisten bekamen wir nichts mit. Dieser hatte jedenfalls wohl nichts Böses im Sinn. Und hätte er es haben sollen, wurde er sicher durch das Verhalten des Bischofs zum wahren Glauben bekehrt. (Statt Füße waschen, Hose waschen!) Wir beide von *Verbo Filmes* schliefen eine Nacht im Nebenzimmer von Pedro und traten anderntags wieder die Heimreise nach *São Paulo* an.

Erwähnenswert ist auch eine Priesterweihe im Jahre 1995. Als Höhepunkt eines dreitägigen Festes aus Anlass des Silberjubiläums der Diözese *São Félix* und ihres ersten Bischofs Dom Pedro Casaldáliga wurde am dritten Tag, zum Höhepunkt der Feierlichkeiten, der erste eigene Priester, Franklin, geweiht. Ein großes, rundes Zelt war an den Ufern des *Araguaia*-Stroms aufgebaut. Weit mehr als zweihundert Vertreter und Vertreterinnen aus den vielen Gemeinden der Riesendiözese sind gekommen. Innerhalb des Zeltes rundum Tribünen und mittig eine Plattform für den Altar. Inbrunst, Frömmigkeit, Glück und persönliche Hingabe in allen spontanen Gebeten, Gesängen und Gesichtern. Vieles geschah spontan, so auch die öffentlichen Erklärungen vieler Frauen und Männer, die Franklin persönlich kannten, seine pastoralen Einsätze miterleben durften und nun vor allen Anwesenden bezeugten, dass Franklin der Richtige war, um für seinen Dienst in diesem Volk geweiht zu werden. Und dann legten ihm alle die Hände auf, zuerst Bischof Pedro und sein Bischofskollege und Freund Dom Tomás Balduino, der 25 Jahre früher auch Pedro die Hände aufgelegt hatte, um ihn zum Bischof zu weihen, und danach eine nicht enden wollende Zahl von alten Müttern, Frauen und Männern aus den Gemeinden, Indigenen, Jugendlichen,

Freunden und Besuchern. Sie alle traten vor den knienden Franklin und legten ihm betend die Hände auf. Im Namen aller wurde er gesandt. Nun war er Priester. Das Gebet und die Handauflegung so vieler gläubiger Menschen prägten Franklin für seinen priesterlichen Dienst. Und den würde er gut machen, kam er doch aus der Mitte dieser Menschen mit bereits so vielen Märtyrern. Auch diese, die Märtyrer und Heiligen, wurden spontan angerufen und ins Gedächtnis gerufen. Fast jeder kannte einige aus dem eigenen Leben. Und alle antworten nach Anrufung der vielen Namen, einer ganzen Legion: „Mit uns auf dem Weg" oder auch „Bittet für uns, bittet für uns". Alles war ergreifend schön und glaubwürdig.

Fast 40 Jahre später, 2008: Die Zeiten hatten sich geändert. Als alter Mann sitzt Dom Pedro, gekennzeichnet von seiner Parkinsonerkrankung, auf einen Handstock gestützt, da und erzählt uns über die brasilianische Kirche und ihre Kehrtwende in so vielen Dingen. In „wehmütigen" Erinnerungen an die Aufbrüche des Zweiten Vatikanischen Konzils und an die Bischofsgeneration des Katakombenpaktes sagte er:

> „Ich wollte nie einen Bischofsstab. Jetzt muss ich mich zur ‚Buße' auf den Krückstock eines alten Mannes stützen. Aber Spaß beiseite wegen des Handstockes: der Hirtenstab, die Mitra, die Wappen – wie soll ich sagen? – es enttäuscht mich sehr, wenn ich heute sehe, wie soeben neu ernannte, junge Bischöfe als erstes schon mit ihren Wappen daherkommen ... Wir machen weiter so mit unserem Bischofspallais, unseren Reisen, Luxusklasse, mit unseren Essgewohnheiten. Ich denke sogar, ihr Laien, Frauen und Männer, ihr solltet den Jungpriestern, den Seminaristen, auf die Finger schauen und helfen, dass sie nicht diesen Versuchungen des Exhibitionismus und der Macht verfallen."

Pater Alfredinho – Fredy Kunz

Es ist schwer, diesen Priester auch nur annähernd zu verstehen und zu würdigen. Sein ganzes Leben war zu authentisch, ein einziges Zeugnis von der Kraft Gottes, welche die ganz Kleinen und Demütigen zu den ganz Großen des Himmelreiches machen kann. Wir lernten ihn kennen, als wir uns zu Anfang der 1980er Jahre nach *Crateús* aufmachten, eine Stadt mitten in den Dürregebieten des Nordostens Brasiliens. Zu der Zeit suchten wir im Auftrag der Bischofskonferenz nach Bildern authentischer Lebenszeugnisse, Priester, Ordensleute, Laien, um die Zeitgeschichte Brasiliens nach dem Zweiten Vatikanischen Konzil und nach der Bischofsgeneralversammlung von *Medellín* (1968) mit ihren revolutionären neuen Leitlinien der Option für die Armen und für eine arme Kirche zu dokumentieren. Bischof Antônio Fragoso von *Crateús* hatte uns eingeladen und auf „Alfredinho", den gut 50-jährigen Missionar aus der Schweiz, aufmerksam gemacht. Wir trafen ihn mitten unter hunderten von Männern und Frauen mit Spaten und Schubkarren. Kein einziges technisches Gerät, kein einziger Bagger, keine Pferde- oder Ochsenkarren. Hunderte von Menschen, die in einem Tal mit dem Spaten die Erde aushoben. Die gefüllten Schubkarren oder Handwagen wurden einige hundert Meter entfernt zu einem Damm aufgeschüttet. In sengender Sonne. Sklavenarbeit. In der zweistündigen Mittagspause krochen alle unter ein schattenspendendes provisorisches Strohdach. Jeder hatte für sich in Blechdosen und Plastiktellern etwas Bohnen und Reis zum Essen und Wasser zum Trinken mitgebracht. Alfredinho, der Priester in schmutziger zerlumpter Kleidung, saß mitten unter diesen hageren ausgedörrten Gestalten. Einer von vielen. Er gab anderen von seinem Reis zum Essen. Als alle ein Nickerchen machten, schlug Alfredinho sein Brevier auf und betete aus dem Psalm 26: „Prüfe mich Jahwe und durchforsche mich, erprobe mich auf Herz und Nieren. Denn vor Augen habe ich deine Güte, in deiner Wahrheit wandle ich. / Ich sitze nicht bei Menschen, die Unrecht tun, mit den Trugvollen habe ich keine Gemeinschaft." Schließlich hielt er auch sein wohlverdientes Mittagsschlafchen, bevor alle wieder zur Arbeit gingen. Mit Spaten und mit Schubkarren. Bis es Abend wurde. Dann besuchten wir ihn, als es bereits dunkel war, in seiner Armenhütte am Rand der Stadt *Crateús*. Auf dem Lehmboden sitzend schrieb er Bücher, bereitete sich auf Exerzitienvorträge für Ordensleute vor.

Auf seinem kurzärmeligen Hemd war das Kennzeichen mit der Auschwitz-Häftlingsnummer 16670 von Maximilian Kolbe auffallend. An der Wand hingen Bilder dieses Heiligen des Zweiten Weltkrieges, der im KZ Auschwitz für einen zum Tode verurteilten Familienvater sein Leben hingab. „Maximilian Kolbe, der 1941 in Auschwitz starb, war immer mein großes Vorbild. Es war seine Häftlingsnummer, die 16670" schrieb Alfredinho in seinen Exerzitiennotizen.

Morgens um 4 Uhr – die Sichel des zunehmenden Mondes stand hell am Himmel – standen wir wieder vor Alfredos Hütte, um zu filmen. Die Nachbarn und Nachbarinnen kamen zu ihm und tranken stehend gemeinsam einen „Cafézinho", eine kleine Tasse starken Kaffee mit einem Keks, um den Fußmarsch zur Arbeitsstelle und die Arbeit des vor ihnen liegenden Tages mit Schubkarren und Spaten durchzustehen.

Einmal in der Woche erschienen sie alle zum gemeinschaftlichen Gottesdienst in einer schlichten Kapelle: Vier weißgetünchte Wände, ein großes Bild des Hl. Maximilian Kolbe neben dem Altar. Alle gingen andächtig und hoffnungsvoll zur Kommunion und empfingen hier so viel Kraft. Prostituierte und andere „Sünder". Wer hatte hier schon das Recht, Sünde zu definieren. Es wäre auch niemandem in den Sinn gekommen. Die Geschichten des alttestamentlichen Propheten Jesaja über den „leidenden Gottesknecht" waren immer wieder Thema der Predigten von Alfredinho. Kardinal Aloísio Lorscheider, der die Nachbardiözese von *Crateús, Fortaleza* leitete, erzählte einmal, als wir ihn zum gegenwärtigen Priesterverständnis befragten, über Pater Alfredinho:

> „Ohne zu zögern, möchte ich antworten, dass man natürlich nicht allen gerecht werden kann, doch für das Profil eines Priesters gelten die in Medellín festgelegten und in Puebla bestätigten Richtlinien für die Kirche. Beginnen wir mit der bevorzugten, prophetischen und solidarischen Option für die Armen! ... Ein Beispiel ... war für mich immer ein ausländischer Priester, der viele Jahre lang in Crateús, der Diözese von Bischof Antônio Fragoso, arbeitete. Er hieß Pater Alfredinho. Seinen Lebensabend verbrachte er

in São Paulo. Er lebte dort mit den Obdachlosen zusammen unter den Brücken und in den Favelas."

Pater Alfredinho war Priester Gottes. Arbeiterpriester. Seinen kläglichen Lohn teilte er immer wieder mit Frauen und Kindern, die aus Krankheitsgründen nicht mehr von ihrer Arbeit leben konnten. Und wenn Priester so sind wie er, geben sie Zeugnis vom auferstandenen Herrn mitten unter uns, von neuem Leben, glaubwürdig, sichtbar, wortlos. Und wer *Alfredinho* bittet, sein Tun doch in Worte zu fassen, dem antwortete er: „Os pobres são meus mestres." – „Die Armen sind meine Lehrmeister. Die Armen evangelisieren mich."

Vicente Cañas SJ

Das Martyrologium Romanum, das Verzeichnis der Märtyrer, ist das offizielle Verzeichnis der – nach vielen langwierigen und oft teuren Prozessen – von Rom anerkannten Heiligen oder Seligen der römisch-katholischen Kirche. Das hinderte die Brasilianer nicht, dieser offiziellen Liste Tag für Tag neue Namen hinzuzufügen. Es handelte sich um Frauen und Männer, die im Kampf für Gerechtigkeit ihr Leben lassen mussten und zu Blutzeugen wurden, von Hausfrauen in den Basisgemeinden bis zu Rechtsanwälten oder Ordensleuten.

Eines Tages im Jahr 1987 erreichte uns die Nachricht vom Fund einer bereits mumifizierten Leiche im Bundesland *Mato Grosso.* Es handelte sich um den bekannten Jesuitenbruder Vicente Cañas, gebürtiger Spanier mit brasilianischer Staatsangehörigkeit. Seit 1974 hatte er zusammen mit seinem Mitbruder, Pater Thomaz Lisbôa, der ebenfalls Jesuit war, erste Kontakte mit dem Volk der *Enawenê-Nawê* im *Mato Grosso* aufgenommen. Seit 1977 lebte er mitten unter ihnen in einer eigenen Hütte. Sein Name war von dieser Zeit an nur noch *Kiwxi.* Er wurde zwischen dem 6. und 8. April 1987 im Auftrag von Großgrundbesitzern der Region, die in die Indianergebiete eingedrungen waren, ermordet. Seinen Körper fand man nur etwa 40 Tage später in der Nähe eines Flusses in einem Waldstück, nachdem eine Gruppe vom CIMI sich zusammen mit einigen Mitgliedern der *Enawenê-Nawê* auf die Suche nach ihm gemacht hatten. Kiwxi, hatte, bedingungslos inkulturiert, in den Dörfern der *Enawenê-Nawê* gelebt und sich um ihre Landrechte und um die Gesundheit der Menschen gekümmert. Für uns alle, die Mitarbeiter von *Verbo Filmes* in *São Paulo*, war die Meldung von seinem Tod ein großer Schock. Wir hatten ihn gerade ein halbes Jahr zuvor noch besucht und waren voller Bewunderung für seine authentische Art, den Glauben an Gott und an Jesus Christus zu leben. Sein Glaube war sichtbar und erlebbar geworden. In den Gesprächen, die wir mit ihm führten, ging es um dieses hohe Maß an Selbstverleugnung und Selbsthingabe. So sahen wir es. Er selbst jedoch betonte das hohe Maß an persönlichem Glück, mit diesen Menschen leben und sich für sie einsetzen zu dürfen. Das Missionsverständnis hatte sich um 180 Grad gedreht. Endlich war Schluss mit der Sicht des Missionierens „heidnischer Völker". Dabei war es immer darum gegangen, die „Wilden" zu „zähmen", zu „zivilisieren", zu „christianisieren". Die römisch-katholische Kirche Lateinamerikas hatte mit der Kolonialisierung dazu beigetragen, den indigenen Völkern deren Geschichte, die eigenen Wurzeln, ihre Kultur, ihre Sprache, ihre Kosmovision und religiöse Symbolik zu nehmen. Im neuen Missionsverständnis sind diese Völker für den Jesuiten Kiwxi aufkeimende „Samen" des Gottesreiches, auch für unsere westliche Welt.

Pater Ezequiel Ramin

Ezequiel, der im Jahr 1953 geboren wurde, war ein anderer junger Missionar, ein italienischer Comboni-Priester, der mit 32 Jahren ermordet wurde, weil er sich in der Diözese *Ji-Paraná*, im brasilianischen Bundesland *Rondônia*, für die Landlosenbewegung und für die Rechte der indigenen Völker stark gemacht hatte. Zwei Jahre vor seiner Ermordung 1983 war er als 30-jähriger nach Brasilien gekommen, besuchte in der Hauptstadt *Brasilia* Sprachkurse und vertiefte sich gleichzeitig in die politische Realität des Landes. In dieser Zeit kam er des öfteren nach *São Paulo*, um die journalistische Arbeit seiner Comboni-Mitbrüder kennenzulernen. Sie veröffentlichten dort die Monatszeitschrift *SEM FRONTEIRAS* (*Ohne Grenzen*) mit einer klaren und bekennenden befreiungstheologischen Linie. Die Zeitschrift verteidigte die verschiedenen sozialen Bewegungen des Landes, wie etwa die Agrarreform und wurde zu deren Sprachrohr.

Da *SEM FRONTEIRAS* in nächster Nachbarschaft mit *Verbo Filmes* im südlichen Teil der Metropole *São Paulo* lag, hatten wir immer regen Kontakt und Austausch miteinander. Unser Mitarbeiter bei *Verbo Filmes*, der Journalist Luiz Walter de Souza, stand in regem Austausch mit Pater Lino Cordero, dem Chefredakteur von *SEM FRONTEIRAS* und lieferte ihm viele Berichte und Fotos von unseren Reisen kreuz und quer durch Brasilien. In diesem Zusammenhang besuchte uns auch Ezequiel Ramin, bevor er in sein dreitausend Kilometer entferntes Missionsgebiet am Amazonas (nördlich von Bolivien) reiste. Und *SEM FRONTEIRAS* berichtete fortan über das Wirken von Ezequiel, der sich immer mehr gegen die schreienden Ungerechtigkeiten einer fehlenden Agrarreform auflehnte und für die ungerecht behandelten Indios stark machte. Die wenigen Mächtigen in der Region gingen mit zunehmender Gewaltanwendung gegen die Kleinbauern und Indios vor, vertrieben oder töteten sie, um mehr Land für sich in Beschlag zu nehmen und ihre Latifundien zu vergrößern. Sie selbst wuschen ihre Hände in Unschuld, indem sie gerade aus den Reihen der Landarbeiter einige fanden, die dann als *Pistoleiros* vertraglich angestellt wurden, um sich ein wenig „Taschengeld“ nebenbei zu verdienen, unter der Bedingung zu schweigen und zu töten.

Diese Realität war es, die Pater Ezequiel immer mehr beunruhigte. Er fuhr in die Gemeinden, saß mit den Menschen zusammen, um nach Lösungen für ihre Probleme zu suchen. Er wurde einer von ihnen. Die Drohungen und Verfolgungen gegen den jungen

Missionar Ezequiel von Seiten derer, die meinten, ein Priester dürfe sich nicht in sozial-politische und Umwelt-Angelegenheiten einmischen, ließen nicht lange auf sich warten. Solche Leute, die sich selbst für sehr „kompetent" in Glaubenssachen und für sehr katholisch hielten, beschränkten das Leben eines Priesters auf das Spenden der Sakramente. Dafür sei der geweihte Priester zuständig, nicht jedoch für „Land für alle" und gerechte Verteilung der Güter. So rechtfertigten die getauften Mörder ihre Morde.

Am 24. Juli 1985 wurde Pater Ezequiel Ramin im Alter von 32 Jahren brutal von vielen Kugeln durchbohrt, als er mit dem Auto von der *Fazenda Catuva* zurückfuhr, wo er zusammen mit einem Gewerkschaftsmitglied die Landarbeiter zusammengerufen hatte. Er geriet in einen Hinterhalt und konnte nicht mehr entkommen, als er vor sich Männer mit Gewehren sah, die sich ihm in den Weg stellten. Ezequiel und sein Begleiter bremsten und versuchten, in ein Gebüsch zu fliehen, doch fünfzig Meter hinter seinem Auto trafen ihn die Kugeln, seinem Begleiter gelang die Flucht durch das Dickicht des Waldes. Bei seiner Totenmesse standen einige Bischöfe, Priester und viele arme Bauern und Indianer dicht aneinander gedrängt um den Altar und ein Indianer trat spontan vor und ergriff das Mikrophon:

> „Ich bin der zweite Häuptling vom Volk der Suruí. Pater Ezequiel war mein bester Freund. Ich fühle eine Leere in mir, als ob mein eigener Sohn gestorben wäre, als ob mein Bruder gestorben wäre. Das fühle ich heute. Denn ein Mann, der ein sehr guter Freund von mir war, ist jetzt tot. Ein Reicher hat den Pater getötet. Deswegen sind wir Indios sehr, sehr traurig."

Pater Josimo Morais Tavares

„Mein kleiner Josimo kam am 4. April [1953], Ostersamstag, auf die Welt", erzählte uns die Mutter von Pater Josimo im Film, den wir über das Leben dieses jungen brasilianischen Priesters nach seinem Martyrium gemacht hatten.

Das Gesicht der Mutter war ganz bescheiden. Sie war eine Frau aus sehr armen Verhältnissen, man sah es ihr an. Sie war mit uns an den Fluss gegangen, zu der Stelle, wo sie ihren Sohn zur Welt gebracht hatte. Wir sahen andere Mütter, wie sie ihre Wäsche am Fluss wuschen und sie zum Trocknen auslegten.

Pater Josimo wurde 1986 im Alter von 33 Jahren ermordet, so wie Jesus. Er wusste, dass man ihm nach dem Leben trachtete, bekannte aber, dass er bereit gewesen war, für eine gerechte Sache zu sterben. Erschossen wurde er dann im Auftrag der Großgrundbesitzer, als er das Haus der CPT (Zentrale der Landpastoral) in *Imperatriz* verließ. Er war als Vorsitzender frisch gewählt worden, um die Koordination der Landpastoral in der Diözese zu übernehmen.

Auf unserer Rückreise von der Volkswallfahrt zu den heiligen Märtyrern in *Ribeirão Cascalheira* im Juli 2016 trafen wir in *Goiânia* einen guten brasilianischen Freund, den Theologieprofessor Alberto Moreira. Er war Kurskollege in den theologischen Studienjahren von Pater Josimo in Petrópolis und kannte ihn persönlich sehr gut. Im Gespräch erzählte er uns auf Deutsch:

> „Josimo ... hatte so ein gutes und großes Herz, dass er ehrlich nicht glauben konnte, dass man ihm nach dem Tod trachtete. [...] Wie ist diese Art Christentum zu verstehen und zu leben? Befreiungstheologie ist nicht etwa eine Lehre, es ist nicht eine neue Art von Theologie. Es ist nicht eine theologische Mode. Es ist eine Art, die sehr alt ist, urchristlich, ... Christentum ist etwas Gefährliches, es kann einen den Kragen kosten. Wir werden vor Entscheidungen gestellt, die manchmal lebensgefährlich werden können. So waren auch die Anfänge des Christentums. Und wenn man heute sagt, Jesus ist der Kyrios, und nicht das Kapital, nicht etwa die Wirtschaft, nicht die Kariere... Wer ist heute unser Kyrios? Christsein heute kann auch genau so, wie es zu Anfang des Christentums war, etwas Gefährliches sein. Christentum kann schwerwiegende Konsequenzen haben..."

Bischof Dom Luíz Flávio Cáppio

Im Jahre 2009 verlieh die Freiburger Stiftung zur Förderung eines Kantischen Weltbürger-Ethos den „Kant-Weltbürgerpreis" an einen brasilianischen Bischof „für sein mutiges Eintreten für politisch und sozial marginalisierte Bevölkerungsgruppen". Der Bischof war in einen Hungerstreik getreten. Man hatte ihn wieder aus dem Koma geholt. Es gibt sie also auch nach den 500-Jahrfeiern noch, prophetische Bischöfe in Brasilien, aber sie sind wieder seltener geworden. Wir fuhren nach Freiburg, um bei der Preisverleihung für Bischof Luíz Flávio Cáppio dabei zu sein und Mitschnitte von der Feier zu machen. In seiner Dankesrede, bei der er sich anfangs zuallererst an alle Armen dieser Welt wandte, die hier nicht anwesend waren, sprach Bischof Cáppio über die Inhalte, für die er geehrt wurde. Es ging um die Ableitung des Flusses *Rio São Francisco,* des drittgrößten Flusses Brasiliens. Am Fluss entlang leben Millionen von Menschen mit ihren Tieren, die das Flusswasser brauchen. Die Regierung Brasiliens jedoch hatte es für angebracht gehalten, das Flusswasser durch einen Kanal abzuleiten, um es für Landwirtschaftsprojekte großer Konzerne zu nutzen. Bischof Cáppio war daraufhin in einen Hungerstreik getreten. Aus Solidarität, aus Liebe zu seinem Volk, in seiner totalen Macht- und Hilflosigkeit und im Aufschrei gegenüber den Machenschaften der Politik und der internationalen Konzerne.

Cáppio ist Franziskaner. Auf seinen eigenen Wunsch hin und um die „Richtung" für sein Hirtenamt festzulegen, war er von den beiden großen franziskanischen Kardinälen Aloísio Lorscheider und Paulo Evaristo Arns zum Bischof geweiht worden. Damit steckte er sich von Anfang an als zukünftiger Hirte seines Volkes klare Ziele. Er hatte wenige Jahre zuvor eine einjährige und knapp 3000 Kilometer lange Pilgerreise entlang des *Rio São Francisco* gemacht, um die *ribeirinhos* ganz aus der Nähe kennenzulernen. *Ribeirinhos* bezeichnet die Familien und die kleinen Dörfer, die in völliger Abhängigkeit vom Wasser und vom Fischfang an den Ufern des Flusses wohnen.

Bischof Dom Erwin Kräutler

Der Amazonasbischof Dom Erwin Kräutler ist vielen als unermüdlicher Kämpfer im Einsatz für die Ureinwohner Brasiliens bekannt. Zu seinem Wirken als Bischof von *Altamira* in all den Jahren gehörte, dass er mehrfach verprügelt und eingesperrt wurde, weil er sich für Kleinbauern stark machte und mit ihnen auf der *Transamazonika* protestierte. Die Polizei warf ihm vor, er hätte keine Mitra auf dem Kopf gehabt und wäre folglich nicht als Bischof erkennbar gewesen. Bei einem provozierten Autounfall 1987 starb sein Beifahrer, er selbst lag ein halbes Jahr in einer Klinik, wo man ihm sein Gesicht wieder „zusammenschusterte". Es dauerte Monate, aber dann saß seine Nase wieder da, wo sie hingehörte. Später wurde noch einmal in das Bischofshaus in *Altamira* eingebrochen und sein österreichischer Mitbruder erschossen. Das eigentliche Ziel sollte er selbst gewesen sein. 2005 wurde die in seiner Diözese sehr engagierte amerikanische Ordensschwester und Umweltaktivistin Dorothy Stang hinterhältig ermordet. Seit mehr als vier Jahrzehnten steht Bischof Erwin Kräutler als Hirte der Kirche und im Namen der Kirche in diesem Kampf Seite an Seite mit seinen ihm anvertrauten Menschen, Indigenen, Kleinbauern, Siedlern, in einem ständigen „Kampf gegen das Kartell aus Holzfällern, Farmern, Spekulanten, Politikern und Industrie" (Peter Burghardt). Für diesen Einsatz in bereits 50 Jahren missionarischer Tätigkeit am Amazonas, davon 35 Jahre als Bischof von *Altamira*, der flächenmäßig größten Diözese Brasiliens, erhielt Dom Erwin 2010 den alternativen Nobelpreis in Oslo, den *Right Livelihood Award*, also den *Preis für die richtige Lebensweise.* Es ist eine Auszeichnung „für die Gestaltung einer besseren Welt", so ging es durch die Medien weltweit. Bezugnehmend auf Bischof Erwin Kräutler mag das Wort von Pater Humberto Guidotti auf dem Welt-Sozialforum 2009 in Belém, Amazonas, stehen:

> „Wir sind stolz auf die vielen Menschenrechtskämpfer, die wir hier in Amazonien haben. Hier gibt es drei Bischöfe, die unter

ständigen Todesdrohungen leben, außerdem zwei Priester und zweihundert Laien... Was wir brauchen, sind wieder mehr Bischöfe-Propheten! Wir brauchen Priester-Propheten, Ordensleute! ... Lasst uns träumen von einem erneuerten Ordensleben mit Weitblick. Jon Sobrino sagte den berühmten Satz: ‚Für Menschenrechte zu kämpfen, ist etwas Göttliches.'"

Schwester Adelaide Molinari und Cleusa Rody Coelho

Im April 1985 erreichten uns gleich zwei Meldungen von Morden an Ordensfrauen: Schwester Adelaide Molinari vom Orden der Töchter der Göttlichen Liebe und Schwester Cleusa Rody Coelho, vom Orden der Augustiner Rekollektinnen.

Am 14. April traf sich Schwester Adelaide Molenari an der Busstation von *Eldorado dos Carajás* im Bundesland Pará mit dem Gewerkschaftsführer Arnaldo Ferreira, als sie, von der Kugel eines *Pistoleiros* am Hals getroffen, verblutete. Der auch angeschossene Gewerkschaftsführer überlebte und wurde sieben Jahre später, auch in Eldorado dos Carajás, erschossen. Bei der Beerdigung ihrer Tochter Adelaide sagte ihre Mutter, Dona Célia:

> „Unsere Tochter hat sich immer gewünscht, mit den Armen zu arbeiten, und wir haben sie immer in ihrem Wunsch unterstützt. Nun stehen wir weinend vor dieser Tragödie, die so schwer zu ertragen ist. Aber was sie getan hat, das müssen wir alle tun."

Am 20. April fand man im Amazonasgebiet die Leiche von Schwester Cleusa unweit des Ufers vom *Rio Paciá*. Mit dem Boot auf dem Weg zum Indianerdorf der *Tuchawa* wurde Schwester Cleusa auf dem Boot angeschossen. Sie versuchte, sich oberhalb der Böschung in einen Wald zu retten. Sie bat noch den Bootsführer, an seine Familie zu denken und zu verschwinden. Er entkam und meldete dem Bischof die Ereignisse. Dieser, damals noch Generalvikar der Diözese von *Lábrea*, macht sich mit anderen auf den Weg, um die Schwester zu suchen. Als sie durch die am Himmel kreisenden *Urubús* (Geier) zu der bereits verwesenden Leiche unter einem Baum hingeführt wurden, waren bereits fünf Tage vergangen. Neben den Indigenen in der Diözese kümmerte sich Cleusa mit Leib und Seele um die Leprakranken und um die Straßenkinder. Um Spuren zu verwischen und zu verhindern, dass er etwas verraten würde, fand man kurze Zeit nach dem Geschehen am *Rio Paciá* den Mörder auch tot auf. Er war vergiftet worden.

Oscar Beozzo, Conrad Berning, Erwin Kräutler, Pedro Casaldaliga

1995 Tirol Österreich, Conrad Berning, Kameramann Roland Hanka

Rückreise

Heute – mehr als 50 Jahre nach dem Zweiten Vatikanischen Konzil (1962-1965) mit seinen Aufbrüchen und genau 50 Jahre (1968-2018) nach der für Lateinamerika so wegweisenden Bischofsversammlung von *Medellín* haben sich die Zeiten wieder geändert. Auch die brasilianischen Bischöfe sind inzwischen andere geworden. Auch sie haben es scheinbar gar nicht so eilig damit, Papst Franziskus „mutige Vorschläge" zu unterbreiten, um die er doch flehentlich bittet. Ganz zu schweigen von mutigen Vorschlägen, die wir von unseren Bischöfen aus Deutschland oder Europa zu erwarten haben.

Es mag sein, dass in den vorliegenden Biographien nur solche Namen genannt wurden, die irgendwie im Leben „Schläge" bekamen, verfolgt wurden und Tod und Martyrium erlitten. Es hat diese Kirche gegeben, ich durfte sie aus nächster Nähe erleben, und diese Kirche hat mit Sicherheit Wurzeln geschlagen, die wieder ausschlagen werden. Es gab auch andere Kirchenmänner in Brasiliens Kirche, es gab auch Quertreiber, Widersacher, ewige Nörgler, Besserwisser und solche, die gerne mal in Rom „Anzeige" erstatteten. Ich könnte einige beim Namen nennen. Aber sie waren nicht die Protagonisten, die mutig vorangingen, sie blieben in der Minderheit in diesen Jahren nach dem Konzil, nach *Medellín* und *Puebla*. Die in diesem Buch erwähnten Frauen und Männer waren unglaublich glaubwürdige Zeugen einer neuen Evangelisierung und einer erneuerten, anderen Kirche, die sich selbst aus vielen alten Zwängen befreit hatte. Sie hatten verstanden, dass es zwischen Himmel und Erde Sachen gibt, die den „Weisen und Klugen" (und Reichen) verborgen bleiben. Diese Kirchenmänner und Kirchenfrauen schlugen sich zuallererst selbst auf die „andere Seite", bevor sie fromme Sprüche von sich gaben. Sie ließen sich zuallererst selbst neu evangelisieren, bevor sie belehrend den Mund aufmachten. Und so fühlten sich die „Kleinen und Unmündigen" nach und nach wohler bei diesen Hirten und nahmen mehr und mehr Zuflucht zu ihnen. Sie vernahmen in ihnen die wohlwollende Stimme Jesu: „Kommt alle zu mir, die ihr mühselig und beladen seid, ich will euch erquicken."

Das umschreibt genau das, was die vom Konzil inspirierte brasilianisch-katholische Kirche versuchte, in die Tat umzusetzen. Vorausgegangen war als erstes eine „Neu-Evangelisierung" der Bischöfe, eine Abwendung von der kolonial-imperialen hin zu einer evangeliumstreuen, prophetischen Kirche. An diese Kirche konnten sich alle wenden, gläubig oder ungläubig. In ihr fühlten sie sich zuhause. Die Kirche bot allen Schutz und Geborgenheit. Vor ihr gab es keine Unterschiede, auch „Zöllner und Sünder" waren gerne gesehen. Nach Taufbekenntnis wurde nicht gefragt.

Um meine Erinnerungen an die Kirche der 1970-80er Jahre in Brasilien aufzuschreiben, las ich notizenhaft die Namen vieler anderer Kollegen, mit denen sich meine Lebenswege kreuzten, und die ich persönlich kennenlernen durfte. Ihre Geschichten ähneln sich in Bezug auf ihren Glaubensmut, auf ihre Glaubensradikalität und Vorbildlichkeit. Prophetische Menschen hat es immer wieder gegeben, meist gingen sie jedoch „losgelöst" von der hierarchischen Kirche ihren eigenen christlichen Glaubensweg. In diesen Nach-Konzils- und Nach-Medellín-Jahren jedoch war es die offizielle Kirche selbst, in Brasilien, die so glaubwürdig und befreiend frisch diese neuen Wege beschritt. Hirten und „Oberhirten" gingen mit dem Beispiel des eigenen Lebenszeugnisses voran. Sie riskierten vielfach ihren eigenen Kopf. Es war ein neues kirchliches „Klima" aufgekommen, ein guter fruchtbarer Boden war vorgegeben, und da fehlte es nicht an entsprechenden „Berufungen" von Menschen, die mitmachen wollten. Es gab sie zu tausenden. „Bittet den Herrn der Ernte, dass er Arbeiter und Arbeiterinnen sende." Es verwirklichte sich, sowohl das Beten als auch das Erscheinen von fähigen und begeisterten Mitarbeiterinnen und Mitarbeitern.

Mein letzter Film in Brasilien

Mein letzter Filmplan 1994 mit dem wunderbaren *Verbo Filmes*-Team in *São Paulo* war: „Papst Johannes Paul III. tritt zurück", nach einem gleichnamigen Buch von Francisco de Juanes. Alles war in Vorbereitung. Auch das Kloster im Nordosten Brasiliens, in *Salvador da Bahia*, war bereits ausgesucht, wohin sich Papst Johannes Paul III. in den Ruhestand zurückziehen würde. Ein römischer Papst und Friedensnobelpreisträger – der Nachfolger von Johannes Paul II. – reicht erstmals seinen unwiderruflichen Rücktritt ein und beschließt, sich in ein Kloster in der Dritten Welt zurückzuziehen, ohne irgendeinen Kontakt mit der Außenwelt, außer einigen Stunden pro Woche, in denen er dem Elend und der Armut der Dritten Welt rund um das Kloster in einer Millionenstadt in Südamerika seine Aufmerksamkeit schenkt. Dort lebt er noch ein paar Jahre als Bruder Pedro in schwarzer Soutane und zeigt durch sein Handeln und Leben, dass es neben der unfehlbaren Wahrheit eine noch unfehlbarere Güte gibt. Und dass „Glaube, Hoffnung und Liebe, diese drei" sind. Das Größte davon aber ist die Liebe und die Barmherzigkeit. Sie allein machen den unsichtbaren Glauben sichtbar, den unsichtbaren Gott erlebbar und entlarven alle Heuchelei.

Der Wind hat sich gedreht in der Bischofskonferenz

Auf der Jahres-Generalversammlung der brasilianischen Bischöfe war ich noch eingeladen worden, zusammen mit Pater Zezinho SCJ, um über das Phänomen *Lumen 2000* zu berichten. Da gab es einen durch Sportzentren reich gewordenen holländischen Milliardär, den römisch-katholischen Piet Derksen. Mit seinem Geld hatte er in Dallas (USA) das Medienimperium *Lumen 2000* gegründet, um die Welt zum katholischen Glauben zu bekehren. Inzwischen gab es auch schon eine Niederlassung von *Lumen 2000* in der Nachbarschaft des Papstes, im Vatikan, um einen direkten Kontakt mit den dortigen Behörden zu pflegen. Seit etwa 10 Jahren wuchs der Einfluss Derksens und seiner frommen Frau. Besonders Papst Johannes Paul II. ließ sich den Kopf verdrehen durch so viel Zukunftsvisionen und Versprechungen des Holländers, der klar in Aussicht stellte, die Welt neu, und zwar römisch-katholisch zu evangelisieren! Nichts mehr mit Inkulturation und Basiskirchen. Nichts mehr von alledem, was *Verbo Filmes* ausgemacht hatte und wofür es gegründet worden war. Stattdessen war jetzt offizielle Massenevangelisierung der Menschheit per Bildschirm via eigenem Satelliten angesagt. Das sollte die Zukunft sein. Weltweit wurden kirchentreue zuverlässige Laien journalistisch ausgebildet. Der Bildschirm sollte zur Kanzel für die ganze Welt werden. 1990 wurde Derksen vom Hl. Vater zum Kommandeur des heiligen Gregoriusorden ernannt und seine Frau bekam die Auszeichnung ‚Pro ecclesia et Pontifice'. Derksens Idee war es, dem Herrn Jesus Christus zu seinem 2000sten Geburtstag eine ‚christliche Welt' als Geburtstagsgeschenk zu Füßen zu legen. Die guten Beziehungen zwischen Papst Johannes Paul II. und Piet Derksen gingen immer wieder durch die Medien. Alle Nuntiaturen weltweit hatten vom Vatikan einen Empfehlungsbrief zu *Lumen 2000* erhalten und wurden gebeten, Einfluss zu nehmen, um entsprechende Strukturen zu schaffen. So vernetzte sich das Medienimperium *Lumen 2000* immer mehr mit den aufkommenden charismatischen Bewegungen.

Und während ich, undiplomatisch wie immer, die mehr als 300 versammelten brasilianischen Bischöfe mit solchen und ähnlichen Erwägungen konfrontierte und auch noch das große Versuchungspotenzial des unermesslichen Reichtums ins Spiel brachte („...das alles will ich dir geben, wenn du niederfällst und mich anbetest"), erhob sich der zuständige Diözesanbischof von *Campinas*, zu dessen Diözese der Versammlungsort *Itaici* gehört. Als Ortsbischof empörte er sich über solche Ungeheuerlichkeiten aus meinem Munde. Jeder der Anwesenden wusste, dass es in seiner Diözesanstadt

Campinas die größte und einflussreichste charismatische Bewegung mit intensivsten Verbindungen zu *Lumen 2000* gab. Er verbot mir das Wort, weil ich „so" über den Heiligen Vater gesprochen hätte. Vor ein paar Jahren wäre das ohne große Aufregung noch nicht möglich gewesen, doch zu meinem Glück gab es auch ein paar, die sich mir schützend und mich verteidigend zur Seite stellten und meine eindeutige Haltung bewunderten. Unter ihnen befanden sich auch einige ehemalige Weihbischöfe von *São Paulo,* die – je nach Sichtweise – ja inzwischen zu Diözesanbischöfen befördert oder degradiert worden waren.

Abschiedsmessen

Ein für mich sehr schönes Geschenk zu meinem 25-jährigen Priesterjubiläum und auch zum Abschied von Brasilien hatten mir drei Steyler Missionsschwestern, Martina, Nelly und die Provinzoberin Helena vorbereitet. Sie arbeiteten selbst seit Jahren sehr engagiert inmitten der Armen in den Elendsvierteln der Peripherie von *São Paulo* und kümmerten sich vor allem um die Frauen und Mütter mit ihren Kindern und wohnten in einer der Hütten in der *Favela.* Sie sagten, sie würden gerne mit mir eine Abschieds-Eucharistiefeier in einer kleineren Gruppe in ihrem Häuschen feiern. Es gäbe nur eine Bedingung: ich sollte mich „dazusetzen", ohne etwas zu tun. Sie würden die Hl. Messe mit einigen Armen ihrer Nachbarschaft feiern. So kam es denn auch und mit dabei war auch der Priester und Missionar Günther Gzubic aus Graz, ein sehr engagierter und inkulturierter Pfarrer der Gemeinde, der sich später brasilienweit in der Gefängnisseelsorge engagierte. Es wurde gebetet und gefeiert, was längst auch gelebt wurde: die gemeinsame Suche nach würdigen und gerechteren Lebensbedingungen. Ich erlebte eine Gott-unter-den-Menschen-Kirche im Kleinen. Wie eine kleine Zelle im großen Körper. Sie war nur eine logische Folgerung, um für alles Gelebte jetzt auch in dieser Form zu danken, in Erinnerung an den Abschied Jesu von den Seinen.

Und alles war wie bei der Hl. Messe, nur verständnisvoller, sinnvoller. Jede Lesung und jedes Gebet mit Leben erfüllt, besonders als die Schwestern das Brot in den Händen hielten mit den Worten: „Das ist mein Leib. Tut dies zu meinem Gedenken“, und danach wurde das Brot gebrochen, in kleinen Stückchen miteinander geteilt.

Genau 23 Jahre danach – wir hatten später die Kontakte verloren – las ich in der *Steyler Missionschronik, Dezember 2017* einen Bericht über die Gefangenenseelsorge in Brasilien, speziell in den Gefängnissen von São Paulo, und über Kurse, die den Gefangenen angeboten wurden, um aus dem Kreislauf von Aggression und Gewalt wieder herauszukommen. Der Bericht war von Schwester Nelly Boonen geschrieben und am Ende erwähnte sie ihre beiden Steyler Mit-Schwestern Martina González und Helena Christo, „die ein wenig älter sind als ich und sozusagen als ‚Großmütter‘ einen leichteren Zugang zu den Häftlingen haben. Diese erfahren, wie liebevoll sie von den alten Schwestern angenommen und verstanden werden und können so leichter in ihrer Entwicklung vorankommen.“ Unglaublich schön für mich, nach so vielen Jahren zufällig zu erfahren, wie die Geschichte dieser drei weitergegangen war und sie – nicht nur älter wurden und schneeweißes Haar bekommen hatten, wie die Fotos zeigten, – sondern ihr Ordensleben jetzt in der Gefängnisseelsorge, in der auch Pater Günther sich engagiert hatte, engagiert weiterführten.

Dann kam meine Abschieds- und zugleich Silberjubiläumsmesse in *São Paulo*, in der Woche nach dem Weißen Sonntag und genau 25 Jahre nach meiner Priesterweihe am 16. April 1969 in St. Augustin. Die Jahresgeneralversammlung der CNBB war gerade zu Ende gegangen, so dass neben einigen Bischöfen, Priestern, Ordensfrauen und -männern die Aula im alten Seminar der Steyler Missionare in *São Paulo* mit Papiersammlern und anderen Obdachlosen gefüllt war. Mein Mitbruder, Pater Arlindo Pereira SVD, der damals mit den Obdachlosen auf den Straßen in *São Paulo* lebte und gegenwärtig als Generalrat der Steyler Missionare in Rom tätig ist, hatte sie alle eingeladen. Man konnte ihre Anwesenheit riechen, ein Geruch, Gott mit Sicherheit wohlgefälliger als der kostbarste Weihrauch. Beim Opfergang brachten sie ihre Gaben dar: frei gesprochene Gebete und auf den Altar legten sie selbstgemachte Andenken und Gegenstände aus ihrem Alltag, unter anderem eine Blechdose. Diese Blechbüchse hatte Francisco, einer von ihnen, mit dem wir auch schon Filmszenen gedreht hatten, immer am Gürtel hängen. Sie gehörte zu ihm. Daraus trank er morgens den Kaffee und mittags und abends die aus Gemüseabfällen vom Markt gekochten Suppen unter den Brücken. Diese Büchse steht heute noch neben mir. Ich sehe sie, während ich dieses schreibe, in meinem Bücherregal. Ich hatte bei der Abschiedsmesse gebeten, sie gegen den Goldkelch austauschen zu dürfen, um darin den Wein zu konsekrieren. Unter der Dose steht geschrieben: *„16. April 1994 – Cálice dos sofredores de rua de São Paulo“* – „Kelch der Leidgeprüften von den Straßen São Paulos“.

Bolivien 1992, Kameramann Gaspar von Verbo Filmes und Conrad Berning

Zurück in Deutschland

Im Nachhinein, jetzt rückblickend, erkenne ich das Geschenkhafte an meinem in Brasilien gelebten Lebensabschnitt. Das war nicht planbar und nicht kalkulierbar. Es waren so etwas wie gnadenhafte Einblicke in die Zeit der „Urkirche", die sich vor meinen Augen wiederholten. Diese Kirche war wie eine Plattform, auf der sich Gläubige und Ungläubige trafen und miteinander planten und agierten. Ich steckte irgendwie mitten drin. Für mich war damals definitiv klar: die Kirche des Zweiten Vatikanischen Konzils hatte den Durchbruch geschafft, daran wird nicht so leicht zu rütteln sein. Mit Rom hatte man Geduld. Irgendwann würden die dort auch noch den „Dreh" kriegen. Aber gegen Ende der 1980er Jahre wurde immer klarer, die Römer saßen am längeren Hebel, vor allem mit Hilfe der Bischofsernennungen, die der Befreiungstheologie den Kampf ansagten und mit denen sie sich über alle Köpfe und Mitbestimmungswünsche und -rechte der Ortskirchen hinwegsetzten. Mein Verhältnis zur Kirche in der Bundesrepublik gestaltete sich von Jahr zu Jahr schwieriger. Die Enttäuschungen wurden zu viele und zu groß. Als „Ex" und zusammen mit meiner Frau und zwei Kindern war man in der deutschen Kirche im Rahmen der bestehenden Strukturen nicht mehr gefragt. Noch schlimmer: Nachdem ich einmal bei einer Firmung als Firmpate aufgetreten und auch zum Kommunionempfang gegangen war, hielt es der zelebrierende Weihbischof aus Münster einige Tage danach, als er mich traf, für angebracht, mich nach meiner genaueren Lebenssituation zu fragen. Er wollte wissen, ob wir kirchlich verheiratet seien, worauf ich ihm antwortete, dass das ja nicht ginge, da ich ja Priester sei. Es machte ihn stutzig, dass ich den Laisierungsprozess nicht unterschrieben hatte. Als ich ihm sagte, das Theater hätte ich mir nicht antun wollen, weil ich mit Leib und Seele Priester (gewesen) sei, antwortete er, dann könne er mir und meiner Frau zukünftig leider auch nicht mehr die Kommunion reichen. Daraufhin antwortete ich nur noch: „In diese Verlegenheit werde ich sie sicher nicht mehr bringen, Herr Bischof, ich kann das auch selber“ – und verabschiedete mich.

Befreiung auch in Deutschland? Für wen denn bitteschön in der deutschen Kirche?

Geprägt von der Menschennähe der brasilianischen Kirche und ihrer Hirten, nahmen wir einen ganz bezeichnenden Film in unser Programm mit auf. Da er jedoch die Kirche und ihre „Hirten“ nicht gut aussehen ließ, verkauften wir auch keine einzige Kopie dieses Filmes. Wer hätte schon den Mut gehabt, sich so etwas zusammen mit den „Gläubigen“ anzusehen und darüber zu diskutieren? Der Film war bei der Schlussandacht der alljährlichen Deutschen Bischofskonferenz im Fuldaer Dom am 26. September 1991 gedreht worden. Sein Titel lautete Titel: „Willkommen im Dom“. Im Film läuten die Glocken feierlich und übertönen die lauten Trillerpfeifen von vielen Demonstranten vor dem Dom, während die Bischöfe einziehen. Knallig bunte Kleider, den Hirten voran die unzählig vielen Bannerträger. Es mögen an die dreißig von allen möglichen Vereinigungen, Clubs und Vereinen gewesen sein. Alles war überwältigend, auch das massive, vorangetragene Goldkreuz mit dicken Edelsteinen oder Diamanten, und der Weihrauchkessel, der mit klirrenden Ketten vor- und zurück geschwenkt wurde, und dessen austretender Rauch die einziehenden Bischöfe und das ganze Kirchenschiff einnebelte. Die Orgel dröhnte: „Ein Haus voll Glorie schauet.“ Es waren wohl um die vierzig Bischöfe, ich konnte sie nicht zählen, und alle trugen goldene Brustkreuze, rote Käppis – bei einigen sogar purpurrote, sogenannte Kardinäle – und tausende von roten Knöpfen jeweils von oben nach unten an all ihren Kleidern. Ein Kind bekreuzigte sich schüchtern, es konnte scheinbar so viel „Jenseitigkeit“ noch nicht einordnen und mag an „Himmel“ oder an „Engel“ gedacht haben, während die Bischöfe die für sie reservierten ersten Plätze in den ersten Bänken einnahmen, ganz bibeltreu (vgl. Mt. 23,5ff).

Dann bildete sich vor dem Altarraum, bevor man es bemerkte, eine Ansammlung von Demonstranten. Ihre Stimmen hallten durch den Kirchenraum: „Hurra, wir leben noch", und: „Bischof Dyba sagt, Aidskranke haben keine Zukunft mehr". Andere riefen: „Stoppt die Kirche!" Und als sie ihre Transparente für alle lesbar ausbreiteten, um sich zu ihrer Homosexualität zu bekennen, kamen die ersten Schlägertrupps. Immer mehr Männer fanden sich bereit zu schlagen, zu stoßen, mit den Füßen zu treten, die Demonstranten in den Schwitzkasten zu nehmen, ihnen Kinnhaken zu versetzen und den passiv zuschauenden Bischöfen zu zeigen, wer schließlich hier der Stärkere war. Kein einziger Bischof wagte sich aus seiner sicheren Zuschauerposition heraus, keiner. Alle schauten ein wenig verlegen zu. Die letzten Demonstranten wurden vorbei an den an den Wänden der hohen Kathedrale in Stein gemeißelten Kreuzwegstationen hinausgetragen und verprügelt. Wieder wurde er zusammengeschlagen, wie vor 2000 Jahren, bricht unter seinem Kreuz zusammen, einsam, allein gelassen.

Draußen danach die Interviews mit den „blutigen Nasen". Sie bekamen noch von Polizisten Kinnhaken und Zurechtweisungen. Eine fromme ältere Dame ging vorbei und rief laut in die Kamera: „Die könnte man höchstens erschießen!"

Parallel zu diesen Geschehnissen nahm in der Kirche die Anbetung Gottes in einer schweren mittelalterlichen, kostbaren Goldmonstranz ihren Lauf. Wieder klirren die Ketten des Weihrauchfasses beim Vor-und-Rückwärts-Schwenken und wieder wurden Bischöfe, Volk und Kirchenschiff beim obligatorischen Gesang: „Tantum ergo sacramentum..." eingenebelt.

Der Kampf der Schwulen- und Lesbenbewegung war in vollem Gange. Scheinbar wurden sie damals mit Aidskranken gleichgestellt. Für mich um so bewundernswerter, wie sie den Kampf um die menschliche Gleichberechtigung vorangetrieben haben und was sie dafür an Leid und Verfolgung nicht nur in der Gesellschaft, sondern auch noch in der eigenen Kirche auf sich nehmen mussten. Die meisten Bischöfe verhielten sich zu der Aktion distanziert. Irgendwie versuchten sie alle, die peinlichen Vorfälle in jener Schlussandacht der alljährlichen Deutschen Bischofskonferenz im hohen Dom zu Fulda von sich zu weisen und stotternd die Sündhaftigkeit bei den anderen auszumachen.

Ich stelle mir bei diesem Film „Willkommen im Dom" jene prophetischen Bischöfe vor, mit denen ich es in den Nach-Konzilsjahren in Brasilien zu tun hatte. Einige wenige Namen sind in diesem Buch genannt. Es gab unzählige andere. Wie hätten sie sich in einer ähnlichen Situation verhalten? Wären sie nicht auf die Demonstranten zugegangen? Hätten die brasilianischen Bischöfe sich nicht gegenseitig in die Augen geschaut, Mut gemacht und den Demonstranten völlig angstfrei das Mikrophon zum Sprechen hingehalten und sie ermutigt, ihre Anliegen vorzubringen? Aber um sich so zu verhalten, muss man groß sein, muss man groß sein wie ein Prophet, der laut hinausschreit:

> „Lasst zuerst das Recht wie Wasser fließen und die Gerechtigkeit wie ein nie versiegender Bach. Ich hasse und verwerfe eure Kulte und habe keinerlei Wohlgefallen an euren Opfern. Hinweg von mir mit euren Liedern! Das Spiel eurer Harfen [Orgeln?] will ich nicht hören...!" (Amos 5)

Eine letzte Begegnung

2014 besuchte ich zusammen mit meinen beiden Söhnen Franz und Paul Brasilien. In dem großen Produktionsauto von *Verbo Filmes* ging es, zusammen mit einem befreundeten Ehepaar, Mitarbeitern von *Verbo Filmes,* über Land nach *Brasilia* und *São Félix do Araguaia.* Im dortigen Pastoralzentrum kamen wir ein paar Tage unter und beteten mit Bischof Pedro Casaldáliga und ein paar Nachbarn und Nachbarinnen zusammen das tägliche Morgengebet. Seine Bischofskapelle liegt 20 Meter hinter seinem Haus und ist rundum offen. Die Nachbarhähne krähten, Katzen miauten, Hunde bellten und wir beteten und sangen in Harmonie mit dem Schöpfer und seiner Schöpfung. Dom Pedro mit seinen in jenem Jahr 86 Jahren war von heftigem Parkinson gekennzeichnet und körperlich nur noch ein Häufchen Elend. Er saß gekrümmt in seinem Stuhl und brauchte Hilfe beim Gehen. Aufgabe der Kirche in der Nachfolge Jesu, sagte er uns, sei es nicht, ihre eigenen Schäfchen spirituell gut zu versorgen, sondern für die ganze Menschheit Hefe im Teig zu sein, Licht in der Welt. Und die kirchlichen Vertreter, sprich: Hirten, Bischöfe, seien dazu da, der Menschheit zu dienen und „ihr Leben als Lösegeld für viele Menschen hinzugeben" (Mk 10,45).

Geistig war Dom Pedro ganz dabei und ich bat ihn, irgendwann, bevor wir wieder abreisten, meinen Söhnen einen „besonderen Segen" zu geben, anstelle der Firmung, die sie in der Heimatgemeinde nicht mitgemacht hatten. „Papa, müssen wir uns firmen lassen", hatten sie mich gefragt. Ich kannte sehr wohl ihre Zweifel wegen der ganzen kirchlichen „Affären", um die sie wussten. Wir sprachen immer über alles. Im Jahr zuvor hatten sie selbst bei einer Firmung in unserer Gemeinde erlebt, wie der Weihbischof aus Münster sich theatralisch zur Schau gestellt hatte. An seiner Seite hatte er einen älteren Herren und an dessen Seite je links und rechts wiederum zwei eigene kleine Messdiener. Der ältere Herr stand in ständigem Kontakt zum Bischof und setzte ihm gefühlte hundertmal während der Feier die lange spitze Mütze auf und wieder ab, immer besorgt, dass die zwei hinteren Schlaufen im Nacken gerade herunterhingen. Dann reichte er dem Bischof jeweils seinen Hirtenstab oder nahm ihn wieder mit einander zugewandten Verneigungen entgegen. Würdevoll und nichtssagend. Die Firmlinge schienen nicht so wichtig zu sein wie der Bischof... „Papa, müssen wir uns firmen lassen?" Die Fragestellungen fielen auch in die Zeit, als der Bischof von Limburg und dessen bischöfliche Badewanne die Schlagzeilen in den Medien und Nachrichten beherrschten. Der sexuelle Missbrauch so vieler Bischöfe und Priester schlug erst noch später hohe Wellen. Meine Antworten auf die Fragen meiner Söhne waren immer:

„Nein, die Firmung ist nicht so wichtig, wichtig ist, dass ihr gute (Mit-)Menschen werdet." Folglich nahmen sie zwar an den Firmvorbereitungen teil, weil sie dabei ihre alten Schulfreunde wiedersehen konnten, ließen sich aber nicht firmen.

Das alles erklärte ich Dom Pedro in Brasilien und bat ihn um diesen „besonderen Segen" noch vor unserer Abfahrt. Dann kam vor unserer Abreise die sehr feierliche Abschiedsmesse. Hauptzelebrant war Pater Paulinho, der aus dem Evangelium vorlas: Die Samen, die auf guten Boden fallen, bringen tausendfache Frucht. Pedro kam dann mit einer Überraschung. Auf einem Tellerchen lagen zwei schwarze Ringe aus der *Tucum*-Palme. Er segnete sie mit folgendem frei formuliertem Gebet und steckte den beiden, die ein wenig überrascht und unbeholfen waren, die Ringe an die Finger:

> „Mit diesen Ringen übernehmt ihr Mitverantwortung. Sie bedeuten Freiheit und Verpflichtung. Sie symbolisieren den Bund mit Christus und mit den Armen, den Kleinen, den Verfolgten dieser Welt. Es sind also Ringe der Solidarität mit den Schwächsten in der menschlichen Gesellschaft. Der Gott des Lebens, der Gerechtigkeit, des Friedens und der Liebe segne diese Ringe, im Namen des Vaters und des Sohnes und des Hl. Geistes. Amen."

Edition ITP-Kompass

Bücher zur Befreiungstheologie, zur Politischen Theologie und zur Pädagogik aus dem Institut für Theologie und Politik

Institut für Theologie und Politik (Hg.)

Hoffnung praktisch werden lassen
Befreiungstheologische Interventionen

Christliche Existenz bedeutet, Hoffnung praktisch werden zu lassen. Eine solche Theologie reflektiert nicht nur die christlichen Begriffe, sondern sie formuliert eine konkrete Hoffnung sowie den Grund dieser Hoffnung in eine Situation hinein, die von Leiden, Kämpfen und Widersprüchen geprägt ist.
Mit Beiträgen von Norbert Arntz, Fernando Castillo, Nancy Cardoso Pereira, Kuno Füssel, Franz Hinkelammert, Barbara Imholz, Michael Ramminger, Jon Sobrino, Paulo Suess, Elsa Tamez u.a.

Edition ITP-Kompass Bd. 30, Münster 2020, Hardcover, 348 S.

Michael Ramminger

„Wir waren Kirche … inmitten der Armen"
Das Vermächtnis der Christen für den Sozialismus in Chile von 1971-1973

Michael Ramminger rekonstruiert die Geschichte der Christen für den Sozialismus in Chile bis zum Putsch gegen die sozialistische Regierung Salvador Allendes anhand von Interviews und Originaldokumenten und macht damit einen wichtigen Teil der Anfangsgeschichte dieses befreienden Christentums und der Befreiungstheologie zugänglich.

Edition ITP-Kompass, Bd. 29, Münster 2019, Hardcover, 476 S.

Norbert Arntz/Philipp Geitzhaus/Julia Lis (Hg.)

Erinnern und Erneuern
Provokation aus den Katakomben

„Erinnern und Erneuern – Provokation aus den Katakomben" knüpft an den Katakombenpakt von 1965 an und schreibt ihn weiter. 40 Bischöfe verpflichteten sich vor über 50 Jahren auf das Programm einer armen und politisch engagierten Kirche. Angesichts von Globalisierung, Flucht und Armut birgt dieser Pakt heute eine ungeahnte Relevanz für die Kirche des 21. Jahrhunderts.

Edition ITP-Kompass, Bd. 22, Münster 2018, 292 S.

Philipp Geitzhaus/Julia Lis/Michael Ramminger (Hg.)
Auf den Spuren einer Kirche der Armen
Zukunft und Orte befreienden Christentums

Wo sind die Orte heutiger Befreiungstheologie, welche Gegenwartsfragen muss sie sich stellen und was ist ihre Zukunft? Internationale BefreiungstheologInnen diskutieren kritisch darüber, wie eine Kirche der Armen heute aussehen kann angesichts von Globalisierung und Kapitalismus.
Edition ITP-Kompass Bd. 20, Münster 2017, 252 S.

Kardinal Dom Aloísio Lorscheider
Lasst euer Licht leuchten!
Rückblicke in die Zukunft der Kirche
Gespräche mit Kardinal Dom Aloísio Lorscheider

Aloísio Lorscheider verstand als Zentrum christlichen Glaubens den Kampf gegen das Unrecht, egal ob strukturell oder individuell, mit Blick auf den utopischen Horizont des Reich Gottes.
Übersetzt von Conrad Berning
Edition ITP-Kompass Bd. 18, Münster 2015, 184 S.

Weitere Veröffentlichungen unter www.itpol.de
Bestellungen an: buecher@itpol.de oder Institut für Theologie und Politik (ITP), Friedrich-Ebert-Str. 7, 48153 Münster.

Institut für Theologie und Politik

Das Institut für Theologie und Politik (ITP) ist unabhängig, aber parteilich. Befreiungstheologie ist unser Ansatzpunkt, um Gesellschaft zu begreifen, Herrschaftsverhältnisse in Frage zu stellen und solidarische Alternativen zu entwickeln. Seit 1993 ist der Träger des ITP ein als gemeinnützig und wissenschaftlich anerkannter Förderverein.

Das ITP ist ein Multiplikator befreiungstheologischer Theorie und Praxis unter aktuellen globalen gesellschaftlichen Bedingungen und Schnittstelle zwischen Kirche und Sozialen Bewegungen.

Es geht darum, neue Machtverhältnisse zu schaffen und zwar von unten her. Ein Wandel der Verhältnisse geschieht aber nicht von allein, sondern braucht Reflexion, Organisation, Beratung und Begleitung.

Wir wollen uns gemeinsam mit allen auf den Weg zu einer anderen Kirche und Gesellschaft machen, die dem Reich Gottes näher kommt, als das, was heute als alternativlos gilt.

Das ITP wird getragen von einem gemeinnützigen Förderverein. Dies bringt inhaltliche Unabhängigkeit, aber auch ökonomische Unsicherheit mit sich. Arbeit wird vor allem durch ehrenamtliches Engagement der MitarbeiterInnen geleistet. Finanziert wird das ITP vor allen Dingen durch Spenden.